GIUSEPPE ANGELO DI SANDOLO

IL BUSINESS DEL LUSSO

Tecniche e Strategie Pratiche
Per Acquisire e Fidelizzare Clienti Luxury
Offrendo Un Servizio Di Eccellenza

Titolo

"IL BUSINESS DEL LUSSO"

Autore

Giuseppe Angelo Di Sandolo

Editore

Bruno Editore

Sito internet

http://www.brunoeditore.it

Sommario

Prefazione

Non ricordo chi mi disse: «Far cucina è un'arte, ma anche magia, sortilegi di aromi e sapori. È sapiente e misteriosa abilità di trarre armonia di gusti dagli ingredienti più strani, proprio come potrebbe fare un mago che volesse creare un filtro d'amore, mescolando un soffio di vento, un pizzico di nuvola, due gocce di pioggia, tre grammi di arcobaleno». Ma certamente intendeva creare un'atmosfera dove la cucina e i vini che vi si accostano sono il magico risultato di una combinazione di terre così distanti ma di elegante e stimolante fusione.

Ritengo da sempre che l'eleganza che viene rappresentata normalmente da un abito, dall'esaltazione di un vino o da un'automobile di classe, sia la somma di molti successi, come quelli di un cuoco o di un vinaio, come il prestigio di un architetto o quello di un orafo. Ma l'eleganza e il successo di un uomo e di una donna e questo successo non può e non deve raggirare il lusso.

È proprio il lusso la chiave per considerare il processo del lusso l'unico indiscutibile fattore di riuscita in ogni ambito della nostra vita. È lusso un atteggiamento, è lusso entrare in un resort, è lusso abitare, è lusso considerare lusso le regole della vita. Non traballanti di pressappochismo, ma regole chiare di identità, esaltanti. Di lusso.

Proprio questa reale consapevolezza che il corpo, la mente e le idee rappresentano per Giuseppe Di Sandolo, con una chiara descrizione delle istruzioni per l'uso, sono sinonimo di vittoria, certezza di sapiente realizzazione di un lusso che tutti noi possiamo considerare interpretata con intelligenza e metodo, che tutti, proprio tutti, possono essere artefici della propria fortuna di vita.

E, grazie a queste pagine, avere anche il piacere di esserne protagonista.

Franco M. Ricci
Presidente Fondazione Italiana Sommelier

Introduzione

Sono nato in Australia da una famiglia italiana molto numerosa, cosa che ha fatto sì che molti parenti passassero da casa nostra come ospiti e dovessimo dare loro il benvenuto, accogliendoli al meglio per far sentire loro tutto il calore familiare.

Già da bambino, grazie alla mia famiglia, ho capito l'importanza dell'ospitalità e del far stare bene le persone. All'età di 5 anni, quando siamo venuti ad abitare a Roma, ricordo quanto mia nonna fosse attenta e generosa con gli altri, che fossero nostri parenti oppure amici. Un giorno le chiesi: «Nonna, perché lavori così tanto per loro?» Lei mi guardò negli occhi con un amore grande e intenso e mi rispose: «Bello di nonna, far stare bene le persone crea tanta gioia». Allora io, tutto sprizzante di energia, le domandai: «E io come faccio a creare tanta gioia per te?» Mi rispose: «Già lo fai ogni giorno».

In quel momento non capii la sua risposta, ma naturalmente era la risposta amorevole di una nonna che ama suo nipote. Questo è un ricordo indelebile che porto sempre con me, una di quelle cose che, non sai perché, ma rimangono sempre nei tuoi ricordi e, con il tempo, ho capito il senso di ogni singola parola.

Ho iniziato le mie esperienze lavorative all'età di 13 anni. Aiutavo mio nonno nella costruzione di quella che sarebbe diventata la casa dove avremmo ospitato tanti amici e parenti, passato vacanze fantastiche e momenti con i miei nonni che porterò sempre con me. Tutto ebbe inizio con una delle persone più belle e competenti che io abbia mai conosciuto, la signora Franca Orecchia, persona dal grandissimo carisma e devozione al lavoro, attenta ai dettagli e altamente competente nell'ambito della leadership e della gestione del servizio di lusso.

Quando feci il primo colloquio con lei, ero poco più di un bambino (avevo 19 anni), non avevo nessuna esperienza ma tanta voglia di voler dimostrare il mio valore e imparare il più possibile. Era il 2002 quando è iniziata la mia esperienza nel mondo del lusso, durante la quale ho imparato l'arte del servire negli hotel 5 stelle. E, di lì a poco più di 10 anni di distanza, avrei ampliato la mia esperienza nel mondo del lusso tramite la *One Luxury Day*.

Ho iniziato la mia gavetta portando bagagli per potermi pagare gli studi – non volevo gravare sulla mia famiglia – e, dopo qualche anno, mi hanno offerto un passaggio di mansioni, al servizio clienti, sempre in un hotel 5 stelle.

Lì ho imparato davvero tanto e quell'esperienza mi ha preparato per una delle mansioni più belle al mondo: il *concierge*. Non tutti sanno cosa sia, perciò te lo voglio spiegare brevemente. Il *concierge* è una figura degli hotel di lusso che accontenta tutte le richieste dei clienti, sia per ciò che concerne i servizi interni dell'hotel (come prenotazioni e richieste varie) sia per quelli esterni all'hotel, come tour, elicotteri, noleggi vari, attività esclusive, prenotazioni nei ristoranti più belli della città e molto altro.

Ancora ricordo l'emozione che ho provato quando un altro dei miei maestri lavorativi, Markus Dobritzhofer, mi chiese se, alla mia giovane età, volessi fare il concierge, di solito figura dedicata a persone più grandi e di maggiore esperienza. Gli insegnamenti di Markus per me sono stati un tassello fondamentale per coltivare professionalità, competenza, spirito di squadra e lealtà.

A distanza di quasi 20 anni, ho appreso tantissimi segreti che si celano nel mondo del lusso e ho imparato come poter erogare un servizio di eccellenza a clienti eccellenti, provenienti da qualsiasi parte del mondo e con culture completamente diverse l'una dall'altra, e che quindi richiedono competenze e abilità più o meno elevate.

La One Luxury Day, società di eventi nel mondo del lusso con la quale organizzo eventi per privati e aziende, mi ha permesso di affrontare le richieste più disparate dei clienti più esigenti, e questo non ha fatto altro che rafforzare la mia competenza, poiché ogni giorno imparavo sempre degli aspetti nuovi con nuove esperienze, consapevolezze e competenze.

Tutto questo mi porta a oggi. Le tante "battaglie" mi hanno permesso di ampliare in maniera incredibile il mio bagaglio di competenze e strumenti, che ho deciso di riversare in questo libro, perché sono certo che possono essere di grande aiuto a tutti coloro che lavorano a contatto con il pubblico e con le persone.

Durante questi anni ci sono stati momenti belli e momenti brutti, come la vita di tutti noi, e posso garantirti che sono stati i momenti più difficili a facilitare il difficile compito di imparare le competenze necessarie per permettermi di fare un balzo in avanti in maniera decisa e importante. Come si suol dire, una freccia, per essere scagliata verso il bersaglio, deve essere tirata all'indietro!

Spero che troverai in queste pagine le risposte ai dubbi che tantissime persone hanno quando si affacciano in questo mondo così bello e complicato da dover gestire.

Perché leggere questo libro

Caro lettore, voglio innanzitutto ringraziarti per il tempo e l'attenzione che dedicherai alla lettura di questo libro. Ho deciso di scrivere questo libro perché, col passare degli anni, ho percepito una dequalificazione del livello del servizio erogato dai professionisti che operano nel settore del lusso e conseguentemente una minore attenzione per i clienti Luxury.

So che sembra strano, ma quello che ho notato – e che probabilmente hai notato anche tu – è che si sta perdendo l'arte del servire, arte che mi è stata insegnata da grandi persone del mondo del lusso, che ringrazierò per sempre. Questo libro vuole darti spunti, riflessioni e idee su come migliorare il servizio Luxury che i clienti si aspettano, ma che oramai trovano di rado.

Condividerò con te le mie esperienze maturate in quasi 20 anni e nella gestione di più di 150.000 clienti nel mondo del lusso, che spero diventino spunto per un'evoluzione verso l'eccellenza. Devi sapere che, se le persone normali si lamentano di gestire clienti difficili, i professionisti amano gestire ogni tipologia di cliente, soprattutto quelli più esigenti!

E tu, vuoi essere una persona qualunque oppure un professionista? Se stai leggendo questo libro, sono certo che vuoi accrescere il tuo potenziale ed elevarlo a un livello molto più alto, ed è per questo motivo che condivido con te tutti i miei segreti, per far sì che siano alla portata di tutti con l'intento di far mantenere al lusso il giusto livello di servizio che richiede e che col tempo stiamo perdendo.

Cercherò di parlare in modo semplice e diretto facendo esempi vari, per far sì che tutto sia facilmente comprensibile e applicabile, perché sappiamo benissimo che tra la teoria e la pratica c'è sempre un grande divario. Quello che voglio è rendere il servizio di lusso un concetto facile da apprendere.

Credi che sia semplice? Posso garantirti che, soprattutto all'inizio, non lo sarà affatto, ma avere la consapevolezza del proprio operato è sicuramente un aspetto fondamentale, per lo meno saremo noi a scegliere se erogare un servizio di lusso o meno, e saremo noi a scegliere che tipo di servizio svolgere.

In questo libro troverai piccoli trucchi che, assimilati e applicati in modo appropriato, faranno una differenza *enorme* sia nel lavoro sia nella vita. L'intento di questo libro è darti un quadro completo del servizio di lusso e fare in modo che tu possa avere quante più frecce al tuo arco, così da avere maggiori possibilità di fare centro e di raggiungere risultati incredibili in termini sia di soddisfazione personale sia di soddisfazione del cliente.

Questo libro è stato creato in modo che tutte le persone, con tanta o poca esperienza, possano trovare spunti e riflessioni da migliorare e interiorizzare e su cui lavorare. Parleremo della storia del lusso e ne daremo una definizione, passando per contenuti teorici, classificando la tipologia dei clienti più comuni, analizzando come lasciare fuori i problemi personali, per poi passare ai contenuti pratici per i quali toccheremo argomenti come stupire in poco più di 3 secondi un cliente o fare una fantastica prima impressione.

Passeremo per argomenti tecnico-pratici che affronteranno i tempi di risposta o come riconoscere un *complaint maker*, per poi concludere il nostro viaggio capendo la differenza tra professionista e dilettante e gli errori comunicativi tra colleghi.

Ti ricordo che questo mondo è fatto di particolari e, anche se per te alcune cose possono sembrare ovvie e interiorizzate, ti invito comunque a prestare attenzione a ogni dettaglio e sfumatura di questo libro, perché ho inserito nuovi punti di vista e molti spunti interessanti anche su argomenti più semplici, che sono certo che anche i più esperti apprezzeranno.

Quindi, a te professionista chiedo, anche se credi che per te sia un argomento interiorizzato, di non farti condizionare dai pregiudizi e di leggere con attenzione ogni pagina. Vedrai che alla fine il quadro completo avrà un senso molto più ampio di quello che pensi. A te che sei alle prime armi chiedo di fare tesoro di ogni singola pagina e ti consiglio magari di rileggere questo libro e usarlo anche come "manuale" per renderti un professionista di valore e di grande spessore. Vedrai che, applicando le informazioni di cui ti parlerò, la tua ascesa non potrà che essere continua e inarrestabile.

Bene, ora che ci siamo presentati, direi che possiamo iniziare il nostro viaggio nel mondo del lusso. Allacciamo le cinture e partiamo per questo fantastico viaggio, certi che alla fine ti vedrai come una persona diversa e con nuovi punti di vista e nuove competenze su questo affascinante mondo.

Le soluzioni e le opinioni che offro

In questo libro ho riversato tutti gli aspetti da considerare nel momento in cui si vuole erogare un servizio di altissimo livello, segreti che applico quotidianamente e che mi hanno portato a grandi risultati, attestati e lettere di ringraziamento continue per il mio operato.

Ti svelerò cosa c'è dietro l'eccellenza e il lusso per chi il lusso deve farlo percepire in tutta la sua essenza, in modo che tu possa interiorizzare aspetti dai più semplici ai più articolati in maniera semplice, fluida e funzionale.

Ogni capitolo di questo libro potrebbe essere sviluppato e, a sua volta, essere un testo dal contenuto eccezionale ma, per far sì che tu abbia un quadro completo di tutto ciò che c'è da tenere in considerazione, ho deciso di riversare in queste pagine, sintetizzandoli al meglio, i concetti chiave di base che ti permetteranno di avere tutti gli strumenti per poter andare dai tuoi clienti e fare veramente la differenza ed erogare un servizio d'eccellenza a qualsiasi livello.

Ho deciso inoltre di approfondire alcuni argomenti per me importanti con specialisti del settore, in modo che tu possa capire l'importanza di quello che dico anche dal loro punto di vista e approfondire argomenti un po' più complessi da capire, assimilandoli al meglio.

Poiché mi hanno aiutato ad approfondire gli argomenti più

"scottanti", ho deciso di dare spazio a persone straordinarie e di indiscusso spessore che, nel loro settore, sono i numeri uno in Italia.

Il loro apporto permetterà di capire al meglio alcuni aspetti che sono certo saranno di altissimo valore per te. Se il libro avesse solo le loro pagine già sarebbe un ottimo manuale dal quale prendere innumerevoli spunti per migliorare nel proprio operato con tecniche applicabili sia alla vita privata sia all'ambiente lavorativo.

In particolare, ecco le persone che prenderanno parte a questo viaggio verso la realizzazione della tua performance straordinaria nell'ambiente del lusso:

- Valerio Imondi (Psicologo ed esperto in psicoterapia umanistica).
- Alessandro Scaietti Martinelli (Personal performance & Business coach).
- Simone Cerri (Esperto comunicazione).
- Ottavio Alvarez (Esperto tecniche di vendita).

E le interviste speciali a:

- Michael Romei (Presidente mondiale associazione Le Chiavi d'Oro).

- Nathalie Paldacci (Esperta e insegnante in servizi di lusso).

Naturalmente sono persone che ringrazio e per me è un vero piacere e onore avere i loro suggerimenti e consigli in questo libro. Sono persone di elevato spessore e posso garantirti che il valore che hanno e che danno alle persone è davvero inestimabile.

Sono sicurissimo che potrai godere di questi interventi e interviste con grande piacere, perché sono persone che nel mondo fanno fare un salto di qualità a migliaia di persone grazie alle loro competenze, alla loro passione e al loro carisma.

Sono convinto che i loro consigli saranno molto apprezzati perché, a suo tempo, per me sono stati consigli e spunti su cui lavorare davvero molto importanti, che mi hanno permesso di elevarmi a un livello successivo. Ho lasciato loro piena libertà di espressione perché voglio che siano loro a palare direttamente a te lettore in base al loro linguaggio personale senza filtri, diretti come sono stati con me.

Per concludere, ho creato questo libro per consentirti di accrescere esponenzialmente le tue competenze. Sono certo che, applicando i trucchi e consigli che ti svelerò, il tuo valore e le tue capacità faranno un notevole balzo in avanti.

«Amo il lusso. Esso non giace nella ricchezza e nel fasto ma nell'assenza della volgarità. La volgarità è la più brutta parola della nostra lingua. Rimango in gioco per combatterla» (*Coco Chanel*).

Capitolo 1:
Storia e definizione del lusso

Evoluzione del lusso dalla Grecia antica al Medioevo

Il lusso – inteso come tutto ciò che comporta consumi di elevata gamma qualitativa e costo, o che ha carattere voluttuario, raffinato, e non è, in sé stesso o nelle sue qualità, strettamente necessario – è un fenomeno che si ritrova in ogni epoca storica e che nel mondo antico era spesso oggetto di condanna.

In particolare, si trovano numerosi riferimenti al fasto e al lusso nell'antico Oriente e nella Magna Grecia dove, ad esempio, l'eccessivo divario di ricchezza era considerato fattore di corruzione della buona costituzione dello Stato e la condanna a funerali e banchetti fastosi era esplicita. Numerosi sono i riferimenti contenuti negli scritti di Platone, il quale invitava all'uso moderato delle ricchezze e condannava apertamente il lusso, considerandolo incompatibile con la virtù.

Allo stesso modo, Aristotele condannava l'abuso delle ricchezze e lo sfarzo inteso come sfoggio dei propri averi avente lo scopo di attirare l'ammirazione altrui, mentre cinici e stoici ritenevano il lusso un ostacolo al raggiungimento di una vita semplice e naturale, principio, quest'ultimo, cardine della loro corrente di pensiero.

Nell'antica Roma, la frugalità era considerata il punto di forza della Repubblica e veniva celebrata da Augusto e da Tito Livio come componente essenziale della virtù romana, mentre Nerone, Antonino e Marco Aurelio emanarono provvedimenti contro le spese eccessive in vari ambiti della vita quotidiana, come ad esempio per i giochi gladiatori.

Con il passare del tempo, tuttavia, la rigidità della virtù romana venne temperata da epicureismo e stoicismo che, nell'esaltare la moderazione, invitavano a coniugare temperanza ed eleganza attraverso un uso non eccessivo della ricchezza, anche in considerazione del fatto che il lusso era spesso concepito come un fenomeno quasi innaturale. La condanna del lusso proseguì più evidente nel mondo ebraico-cristiano e, successivamente, durante il Medioevo, con la diffusione della cultura scolastica che riprese le linee tracciate dalla Patristica.

Diverse concezioni del lusso

La diffusione del lusso portò alla proliferazione dei dibattiti sulla sua utilità. Alla cultura tradizionalistica, che interpretava il lusso come un fenomeno moralmente riprovevole, iniziò a contrapporsi, tra XVII e XVIII secolo, la diffusione di dottrine utilitaristiche e libertine, per le quali la prosperità della società e la potenza dello Stato erano legate anche alla diffusione del benessere privato dei sudditi.

Il lusso e lo spreco iniziarono a essere considerati socialmente preferibili alla frugalità e all'avarizia e iniziarono a farsi strada virtù laiche e civili in danno delle rigide morali antiche e delle massime del Vangelo. Nei primi anni del Settecento, il medico Bernard de Mandeville pubblicò il poema *La favola delle api: ovvero vizi privati, pubbliche virtù*, unitamente a un saggio nel quale rappresentò il lusso come un importante fattore di stimolo per l'industria e per il commercio e come fattore che, generando agi e comodità della vita, finiva per coincidere con la civiltà.

L'apologia mandevilliana accese il dibattito in Inghilterra e trovò terreno fertile in Francia, nel periodo della monarchia di Filippo d'Orléans. In tale contesto, l'economista Jean-François Melon pubblicò *Essai politique sur le commerce*, nel quale il lusso venne rappresentato come un'abbondanza effetto della buona politica.

Il neomercantilismo di Melon si fondeva con l'Esprit Nouveau e molti, tra cui Voltaire e Montesquieu, ne furono influenzati: Voltaire elogiò apertamente il lusso e il modo di vita dei ceti elevati parigini, esprimendo giudizi positivi sull'opera di Melon ed elogiando Colbert; Montesquieu elaborò una sorta di sociologia del lusso, evidenziando gli effetti positivi riscontrati nelle grandi monarchie moderne, a dispetto degli effetti fortemente nocivi avuti sulle piccole repubbliche dell'antichità greca e romana.

L'impostazione di Montesquieu condizionò la disputa successiva e venne contestata proprio dai partigiani degli antichi, come Jean-Jacques Rousseau e Gabriel Bonnot de Mably. Rousseau mostrò infatti i risvolti ideologici della celebrazione del lusso fatta da Mandeville e dai neomercantilisti francesi, evidenziando come la pretesa armonia sociale, favorita dall'incremento dei consumi di lusso, era solo apparente, dal momento che la società mercantile era caratterizzata da un duro conflitto di interessi, con conseguente corruzione dei costumi e disgregazione sociale.

In tale ottica, il lusso venne visto come spinta alla ricerca spasmodica dell'apparenza e come causa dell'immiserimento dell'uomo che, nonostante sia buono per natura, viene ridotto a un essere malvagio dai rapporti di concorrenza e di dipendenza sociale.

L'apologetica religiosa si servì delle critiche mosse al lusso da parte dei pensatori più radicali della cultura illuministica, servendosi delle loro argomentazioni per combattere l'avanzata del materialismo e ripristinare la morale evangelica contro una concezione troppo terrena della felicità. L'apologetica riportò quindi la discussione sul contrasto tra la morale ascetica della tradizione cristiana e l'etica sociale dello spirito borghese.

Virtuosismo del lusso

Come visto, il dibattito sul lusso trovò il suo apice nel corso del Settecento, per poi affievolirsi nel corso dell'Ottocento e del

Novecento, secoli durante i quali gli editti suntuari furono sostituiti da imposte sui consumi di lusso.

Tali imposte, istituite per la prima volta in Gran Bretagna e in Francia, avevano lo scopo di procurare risorse addizionali allo Stato o modificare i comportamenti di spesa, piuttosto che salvaguardare la gerarchia sociale.

Nonostante gli economisti classici fossero concordi nel ritenere che il lusso distogliesse risorse dall'impiego in investimenti produttivi, e fosse quindi contrario allo spirito del capitalismo, con l'affermazione della rivoluzione industriale si ebbe un'ampia diffusione delle spese di pura ostentazione, come evidenziato da Thorstein Veblen.

Le spese di lusso divennero, nel linguaggio della comunicazione sociale, un segno di ostentazione che consentiva di riconoscere l'appartenenza alle classi elevate. Le classi nobiliari dettavano infatti il tono alla società e le classi inferiori, spesso a fronte di ingenti sacrifici, tentavano di imitare il tenore di vita delle classi superiori: il consumo di beni di lusso generò pertanto anche abitudini mentali che portarono a ridefinire il valore degli oggetti in relazione al loro costo.

Tale tendenza è aumentata dopo la Seconda guerra mondiale con l'incremento dei consumi da parte della classe media e delle classi inferiori della società per poi proseguire in epoca moderna, durante la quale le scienze sociali che studiano il fenomeno del lusso continuano a sottolineare il collegamento tra l'ostentazione della ricchezza e il bisogno di affermazione dello status sociale.

Il lusso nell'Età moderna

Nella prima Età moderna, la concezione del lusso subì una profonda trasformazione, divenendo un fenomeno privato: tale trasformazione contribuì in maniera decisiva a rendere produttivi i consumi di lusso e a far acquistare alla spesa di lusso un ruolo strategico per il sorgere del capitalismo.

Weber riteneva infatti che il capitalismo implica un'organizzazione razionale del lavoro e una capacità di differire il godimento dei profitti, inducendo un comportamento che trova i suoi fondamenti religiosi nell'etica delle confessioni cristiane protestanti, soprattutto in quella calvinista. In tale prospettiva, il capitale si forma come una sorta di costrizione ascetica al risparmio, con la conseguenza che non c'è spazio per il lusso, concepito come moralmente e religiosamente condannabile. Di contrario avviso era Sombart, che riteneva invece il lusso un fattore decisivo nello sviluppo del capitalismo.

Nella corte principesca della prima Età moderna, il lusso divenne uno strumento di potere, costituendo un elemento fondamentale della rappresentazione dell'autorità del monarca e uno strumento utilizzato per indebolire il ruolo politico dell'aristocrazia.

Il lusso si diffuse inizialmente a corte presso i grandi e successivamente presso i nuovi ricchi borghesi, contribuendo alla creazione di una nuova classe nobiliare, caratterizzata dall'integrazione della borghesia e della vecchia nobiltà. Tra Sei e Settecento scomparvero progressivamente le leggi suntuarie e con il passare del tempo il lusso si impose sempre di più come fenomeno cittadino.

Definizioni del lusso (di Giuseppe Di Sandolo)

Caro lettore, chiedo il tuo aiuto per trovare una definizione di lusso. Come puoi immaginare, definire il lusso è molto complicato, dato che ognuno ha il suo punto di vista, come tu naturalmente hai il tuo.

Mi sono preso un po' di tempo e ho chiesto a molte persone competenti in materia, come direttori di aziende di lusso, gente a stretto e continuo contatto con clienti Luxury e VIP e anche persone e clienti che sono abituali frequentatori del mondo del lusso.

Purtroppo nessuno sa dare una definizione del lusso univoca, ognuno ha la sua percezione del lusso in base al background e alle esperienze e non è assolutamente facile mettere tutti d'accordo.

Prova a fare questo: chiedi a dieci persone qualsiasi di darti la propria definizione di lusso e vedrai cosa ne uscirà fuori. Sì, forse qualche risposta potrà essere simile, ma sicuramente con sfaccettature diverse.

Quando ho fatto questa domanda a un campione di persone che

lavorano nel mondo del lusso, o ne sono clienti, quasi tutti andavano a finire nelle seguenti 4 macro-categorie:

- tempo;
- oggetti;
- servizi;
- momenti/attimi indimenticabili.

Naturalmente all'interno di queste categorie ci sono moltissime sfaccettature, ma mettiamole da parte per poter semplificare il concetto e vedere di riuscire a tirare fuori delle definizioni che possano mettere tutti o quasi tutti d'accordo.

Prima di illustrarti le mie definizioni, voglio chiederti di prendere un foglio di carta e scrivere la tua *personale* definizione di lusso e confrontarla solo dopo con quelle che ho scritto qui di seguito.

Fatto? Perfetto. Allora andiamo a scoprire insieme le definizioni che secondo me si possono avvicinare a una canonizzazione di definizione del lusso dettata in base alla mia esperienza quasi ventennale nel mondo del lusso:

1. Il lusso è ciò che si desidera, senza dover chiedere.

2. Il lusso è composto dall'attenzione creata dal fattore umano.

3. Un mosaico di piccole azioni di valore verso qualcuno crea il lusso.

Bene. Ora prendi il foglio su cui hai scritto la tua definizione e dimmi: cosa ne pensi? Ti sembrano consone e adeguate? Oppure credi che ci sano delle definizioni più adatte?

Vedi, per questa definizione non credo che ci possa essere una nomenclatura generica; il lusso è tempo, è soggettività, è personalizzazione, è dettaglio, è esclusività, è tantissime cose e non si può definire con semplici parole. Perché il lusso è così, lo puoi sentire, vedere, toccare, ascoltare, assaporare, ma non puoi rinchiuderlo in qualche stereotipo. Sarebbe come chiedere a un artista di creare senza fantasia.

Quindi, in base a quanto detto, facendo una similitudine con un'opera d'arte, direi che possiamo vedere il lusso come l'opera artistica più bella dell'universo, da creare partendo da una tela bianca, e tu e il tuo cliente siete gli artisti e gli artefici che creeranno questa opera magnifica. Secondo te, Leonardo da Vinci non si emozionò quando finì la *Monna Lisa*? Io credo di sì. Eppure, quando ha iniziato a dipingerla, la tela era bianca.

Quindi, schematizzando:

Tela bianca = Lusso;

Monna Lisa = Opera d'arte;

Leonardo = Tu e il cliente.

Beh, spero di essere stato esaustivo non tanto nel darti delle risposte, ma nel farti capire un po' meglio quali possono essere le varie visioni del lusso e le relative sfaccettature.

Parla Valerio Imondi (Esperto in psicoterapia umanistica e bioenergetica)

Voglio presentarti il primo ospite di questo libro, Valerio Imondi, grandissima persona e psicologo di altissimo valore. Goditi appieno quello che ha da dire, perché sono certo che ti stupirà come fa con me ogni giorno.

L'arte Samurai di servire e il cliente bambino

«Quando assisti alla buona azione di un altro, esortati a seguire il suo esempio. Nell'aver notizia dell'errore di un altro, raccomandati di non imitarlo. Anche da solo in una stanza buia comportati come se avessi di fronte un nobile ospite. Esprimi i tuoi sentimenti, ma non diventare più espansivo di quanto la tua vera natura ti detti.

La povertà è il tuo tesoro. Non barattarla mai con una vita agiata. Una persona può sembrare sciocca e tuttavia non esserlo. Può darsi che stia solo proteggendo con cura il suo discernimento. Le virtù sono i frutti dell'autodisciplina e non cadono dal cielo da sole come la pioggia o la neve. La modestia è il fondamento di tutte le virtù. Lascia che i tuoi vicini ti scoprano prima che tu ti sia rivelato. Un cuore nobile non si mette mai in mostra. Le sue parole sono come gemme preziose, sfoggiate raramente e di grande valore» (*Nessun legame con la polvere*, tratto da *101 storie Zen*).

Quando sono nel mio studio, sulla mia poltrona in pelle bianca e magari ho a che fare con un paziente difficile, sono solito tirar fuori qualche storiella o aneddoto curioso; questo ha due funzioni, la prima smorza la tensione e la seconda induce in lui una suggestione sulla direzione che voglio intraprendere e getta il seme della riflessione.

Mi piace utilizzare aneddoti di ogni sorta e tanto sono più lontani e paradossali rispetto al modo di vedere il mondo del mio paziente, tanto io mi diverto e dirigo lui a una catartica riflessione. Forse anche in questo caso, il lettore si potrà chiedere cosa c'entri tutto questo con il filone principale di quest'opera, della quale peraltro sono umilmente ospite. Ospite, uno di quelli che entra spaesato in un maestoso albergo di un paese lontano ed è sicuro solo di ciò che non sa.

Nel mio lungo addestramento, quello che mi ha portato a maneggiare in tutta sicurezza le inquietudini e le criticità dell'essere umano e che tutt'oggi mi regala ancora nuovi dettagli utili alla comprensione di come quest'essere possa essere prodigiosamente fatto, durante questo allenamento, ho sempre paragonato la carriera accademica a quella del giovane e affamato Samurai che impara la via del Bushido.

Questo stratagemma forse mi è servito per rifugiarmi durante il training (uno psicoterapeuta umanista e bioenergetico è sottoposto anche a un allenamento fisico oltre che mentale, creato per frantumare i suoi meccanismi di difesa e spingerlo in un ambiente controllato a livelli massimi di frustrazione, per poi ricomporlo, pian piano, dopo 10 anni, o forse è lui stesso che si ricompone) in un valore più alto che giustificasse – e in qualche modo mi salvaguardasse – ciò che stavo vivendo.

Ancor più paradossale è il concetto che molte delle attività svolte durante tale allenamento non avvenivano dietro un banco di scuola, ma a gambe incrociate su un pavimento freddo; in particolar modo, alcune delle tecniche utilizzate per ricentrare il mio equilibrio psicofisiologico derivavano proprio dalle antiche pratiche orientali: giapponesi e indiane (garantisco che dopo l'autosomministrazione della tecnica della "Follia" non c'è niente di meglio che una meditazione Vipassana per riprendersi, qualunque cosa volesse dire in sanscrito). I tratti più schizoidi della mia personalità quindi, si rifugiavano tra le orme degli antichi guerrieri del passato, coloro che passarono la vita alla ricerca della disciplina perfetta.

Forse saprai che il termine Samurai ha diverse accezioni. La più comune, e anche la più paradossale, riguarda il nome che deriva sicuramente da un verbo, *saburau*, che significa "servire" o "tenersi a lato" e che letteralmente significa "colui che serve". Non è forse questo ciò che dovrebbe fare un bravo psicoterapeuta? Tenersi al lato del paziente e assisterlo nel percorso della sua ricerca, accompagnandolo a ricentrarsi qualora egli esca fuori strada.

Visto che oramai io e te siamo arrivati, insieme, a comprendere le sfumature del significato di cosa intendo per Samurai, sarei felice di elencarti i principi fondanti del Bushido (la via del Samurai) cosicché sarà più facile per te capire cosa intendo

義 – *Gi: Onestà e Giustizia*

Sii scrupolosamente onesto nei rapporti con gli altri, credi nella giustizia che proviene non dalle altre persone ma da te stesso. Il vero Samurai non ha incertezze sulla questione dell'onestà e della giustizia. Vi è solo ciò che è giusto e ciò che è sbagliato.

勇 – *Yu: Eroico Coraggio*

Elevati al di sopra delle masse che hanno paura di agire, nascondersi come una tartaruga nel guscio non è vivere. Un Samurai deve possedere un eroico coraggio, ciò è assolutamente rischioso e pericoloso, ciò significa vivere in modo completo, pieno, meraviglioso. L'eroico coraggio non è cieco, ma intelligente e forte.

仁 – *Jin: Compassione*

L'intenso addestramento rende il Samurai svelto e forte. È diverso dagli altri, egli acquisisce un potere che deve essere utilizzato per il bene comune. Possiede compassione, coglie ogni opportunità di essere d'aiuto ai propri simili e se l'opportunità non si presenta egli fa di tutto per trovarne una. La compassione di un Samurai va dimostrata soprattutto nei riguardi delle donne e dei fanciulli.

礼 – *Rei: Gentile Cortesia*

I Samurai non hanno motivi per comportarsi in maniera crudele, non hanno bisogno di mostrare la propria forza. Un Samurai è gentile anche con i nemici. Senza tale dimostrazione di rispetto esteriore un uomo è poco più di un animale. Il Samurai è rispettato non solo per la sua forza in battaglia ma anche per come interagisce con gli altri uomini. Il miglior combattimento è quello evitato.

誠 – *Makoto: Completa Sincerità*

Quando un Samurai esprime l'intenzione di compiere un'azione, questa è praticamente già compiuta, nulla gli impedirà di portare a termine l'intenzione espressa. Egli non ha bisogno né di "dare la parola" né di promettere. Parlare e agire sono la medesima cosa.

名誉 – *Meiyo: Onore*

Vi è un solo giudice dell'onore del Samurai: lui stesso. Le decisioni che prendi e le azioni che ne conseguono sono un riflesso di ciò che sei in realtà. Non puoi nasconderti da te stesso.

忠義 – *Chugi: Dovere e Lealtà*

Per il Samurai compiere un'azione o esprimere qualcosa equivale a diventarne proprietario. Egli ne assume la piena responsabilità, anche per ciò che ne consegue. Il Samurai è immensamente leale verso coloro di cui si prende cura. Egli resta fieramente fedele a coloro di cui è responsabile.

In tutti gli anni che ho trascorso dietro il bancone di un grande albergo per mantenermi agli studi, ho sempre fatto mio questo principio. Comprendi con me quanto onore mi portava quando un cliente mi chiedeva «ma tu sei uno studente di Psicologia e lavori come facchino di notte?» E io ero solito rispondere: «Per me servire è Samurai, un atto di profondo rispetto e pura dedizione verso il cliente, non a scapito, come si potrebbe pensare, della mia dignità». Quando rispondevo in questo modo, trovavo uno sguardo compiaciuto e di profondo rispetto verso il compito che stavo portando avanti.

Nel corso degli anni, e con la maturità, mi sono reso conto che il compito di un uomo che serve un cliente importante coincide con il mestiere di tenersi al lato di un uomo che soffre. Entrambi, qualsiasi sia il ceto sociale, la tradizione culturale e religiosa, ti offrono ciò che di più prezioso è in loro possesso: ti offrono la propria interiorità, i propri racconti interni, di riflesso, quindi, le loro famiglie i loro affetti e, infine, il loro benessere, nelle tue mani responsabili, e tu devi delicatamente e responsabilmente accoglierli in questa dolce attesa e preparare loro un letto caldo in cui riposare e un percorso sicuro sul quale proseguire.

Omotenashi: l'arte dell'ospitalità giapponese
おもてなし – Omotenashi è una parola che come molte altre nella cultura giapponese ha più di un significato: Omote (superficie) + Nashi (meno, minore), ovvero l'essere disinteressati e non suggestionati dalla disparità sociale della relazione, sincero.

Un altro significato è dato dalle parole (O)-Mote (portare) + Nashi (riuscire), col significato questa volta di servire, completare. In queste parole vi è celata la più interessante distinzione nel senso di ospitalità nelle due tradizioni, orientale e occidentale. Nella cultura giapponese il servizio è sempre effettuato senza una relazione di dominanza (padrone/servo), senza aspettativa, facendo fede solo alla coscienza personale, più che ai doveri sociali.

Se ti è mai capitato di andare in Giappone, ti sarà sicuramente rimasta impressa l'imparagonabile ospitalità di quella popolazione. Ancora qui torna il paradosso, tanto sono attenti i giapponesi con l'ospite, tanto poco sono disinteressati nel farlo. Essere ospitali è un atteggiamento naturale che vede le sue radici nelle antiche tradizioni del buddismo e dello Zen.

Come ci ricorda Marco Massarotto, nel libro *Istruzioni per un cuoco Zen*, di Dogen Zenjii, viene insegnato a «preparare un pasto con profonda dedizione, pensando al prossimo» e «con gratitudine verso gli ingredienti» dove gli aspetti spirituali della cura con cui è preparato sono più importanti di quelli materiali, della quantità o della ricchezza degli ingredienti.

L'arte dell'ospitalità giapponese si concentra forse, nella sua massima espressione, nella cerimonia del tè (Cha-Do), nata anch'essa dalla meditazione Zazen, al termine del quale viene appunto servito del tè. Nell'antichità la cerimonia durava anche parecchie ore, durante le quali si servivano più portate di cibo e ci si occupava anche dell'intrattenimento dell'ospite.

In queste celebrazioni vi erano delle interruzioni, durante le quali gli ospiti venivano anche fatti uscire dalla stanza, e durante le quali l'Host (ospitante) poteva modificare la struttura della stanza con mobili, sedute e utensili, rendendo il tutto più accogliente e adatto ai gusti del proprio ospite, creando quindi un'atmosfera più pertinente alle esigenze dell'ospitato.

La tradizione dell'Omotenashi è costante in molteplici aspetti del Giappone antico e moderno. Ricorderai sicuramente la ben più nota figura della Geisha, che si occupava di animare con canti e poesie le cene di ospiti importanti, tanto che questa figura è ancora presente nelle cene e nelle cerimonie delle aziende moderne, tanto che tali aziende adottano ancora tale filosofia a scopo di marketing. Anche le moderne Cosplayer del quartiere Manga di Akihabara, nei Maid Cafè, le giovani ragazze sono solite accogliere i visitatori vestendo i panni delle eroine preferite dei fumetti.

La ditta giapponese di cosmesi Shiseido ha un proprio "Omotenashi credo" che viene insegnato a tutte le "Beauty Consultant" che hanno come obiettivo quello di anticipare i bisogni delle clienti e di farle sentire a proprio agio. La Toyota ha introdotto le tecniche dell'Omotenashi per vendere le proprie Auto *Lexus* negli Stati Uniti. Rakuten, il colosso giapponese dell'ecommerce insegna ai propri venditori come costruire una *long-term relationship* attraverso proprio l'Omotenashi.

Sviluppa il tuo Omotenashi!

Parte II – Bisogni, emozioni e carattere

Il modo in cui ci muoviamo nel mondo, il modo in cui ci esprimiamo, il modo in cui tessiamo relazioni sociali, la scelta delle persone a cui ci affidiamo, la repulsione per chi ci è ostile, lungo il corso di tutta la nostra vita, non sono altro che riflessi del modo in cui ci relazionavamo a nostra madre. Questo è comunemente risaputo poiché, fortunatamente, chiunque oggi ha sentito nominare un signore austriaco, vissuto a cavallo dei due secoli scorsi, di nome Sigmund Freud. Poi c'è un gap di conoscenze e ci si presenta dallo psicologo con un'autodiagnosi di disturbo d'ansia. Vedi anche attacchi di panico. Vedi depressione.

Con l'avvento di Internet siamo diventati egregiamente bravi nel riconoscere varie sintomatologie che accreditino uno stato di malessere persistente il più delle volte eteroriferito (è lui/lei che mi ha fatto questo!). È curioso notare come la maggior parte delle pseudo-sintomatologie intollerabili che attanagliano oggi le persone sono da ricondursi alla paura: non tolleriamo più né la paura né la tristezza.

In un mondo che premia il buonumore e il sorriso, non è lecito essere tristi o spaventati. Quindi, non appena queste emozioni trasbordano dai confini del nostro controllo, chiediamo soccorso allo Sciamano che, attraverso la sua arte mistica, ce le toglierà dal nostro profondo.

Per mia esperienza, professionale e personale, non credo esistano emozioni buone e emozioni cattive, ma esistono emozioni socialmente tollerabili e emozioni intollerabili. La rabbia, ad esempio. Quanti di noi vorrebbero azionare missili terra-terra dal cambio dell'automobile, come James Bond, per farsi largo nel traffico? Quanti di noi rimuginano sull'esito di una discussione, per cui all'interno del pensiero la fantasia di un atto eroico porta pace a quell'inquietudine e per magia rimette equilibrio nel nostro sistema mente-corpo-spirito?

Il software del nostro cervello non termina di elaborare le circostanze irrisolte, continua a prefissarsi scenari alternativi per concluderle o le ripete allo sfinimento, questo avviene per lutti, separazioni e finanche per quel maledetto motivetto che continui a canticchiarti in testa; la prossima volta, prova a canticchiare la fine della canzone e archivierai questo pensiero.

Quanti fantasticano su un atto distruttivo, verso una realtà o un personaggio coercitivo per la propria esistenza e attraverso questa fantasia esplodono tutta la loro furia, sempre per riequilibrare il proprio stato interno?
Questo avviene perché non siamo più in grado di manifestare le nostre emozioni, esse congelano e si annidano nelle nostre fibre

muscolari, irrigidendoci, ingobbendoci o sgonfiandoci, il corpo rimane teso e la mente perturbata.

Il trauma principale, per tornare al signore austriaco di due secoli fa, avvenne tanto tanto tempo fa, nel nostro bel mondo infantile, quando eravamo sovrani dell'universo, in grado di evocare nutrimento e benessere. In quell'epoca, un contratto nazionale di lavoro impedì a nostra madre di fornirci nutrimento quando e come volevamo. Durante quell'evento, scalpitammo, urlammo e ci disperammo, ma il cibo e il calore non arrivarono, quindi collassammo addormentati, scontrandoci con la dura realtà: né la rabbia né la disperazione avrebbero soddisfatto il bisogno che desideravamo.

Com'è connesso tutto questo con il lungo viavai della nostra vita oggi? Probabilmente siamo cresciuti, abbiamo sopito o rimosso alcuni dei nostri diritti fondamentali, li abbiamo compensati con sigarette, alcool o con un controllo compulsivo di tutte le modalità a esprimere noi stessi. Tuttavia i bisogni, o diritti, non soddisfatti continuano a ripercuotersi nelle nostre relazioni: d'amore, d'amicizia, di lavoro o sociali.

Per Alexander Lowen, il fondatore dell'approccio analitico bioenergetico, i diritti fondamentali sono 5:

1. Diritto di esistere.

2. Diritto ad avere bisogno.

3. Diritto ad avere sostegno.

4. Diritto a essere libero.

5. Diritto a essere amato sessualmente.

L'influenza ambientale, in primis quella genitoriale, frustra i tentativi dell'individuo di realizzarsi, la negazione esterna di questi bisogni forma una stratificazione difensiva, nota come "carattere". Il carattere è un'armatura psichica e corporea che consente all'organismo di sopravvivere alle minacce del mondo esterno, ovvero di proseguire la sua esistenza nonostante sia stato negato uno o più dei diritti sopra elencati.

Non è necessario porsi come salvatore dei diritti infantili (anche perché si entrerebbe nel campo dei copioni, dei giochi e delle transazioni di cui parlerò più avanti), ma credo sia importante conoscerli, per una riflessione personale e per rapportarsi agli altri.

Nel mondo aziendale, in particolar modo, lungi da noi il pensiero di allattare un nostro cliente o un nostro collega ma, in qualche modo, è questo che potremmo realmente fare per relazionarci.

Quando incontriamo qualcuno che formula una richiesta, credo sia importante addestrarci nel capire di cosa questa persona ha realmente bisogno. Nella maggior parte dei casi, escluso il contenuto della richiesta, vi è un'intenzione e, ancora più a fondo, vi è un bisogno la cui consapevolezza ci aiuterà a rapportarci con quel qualcuno.

Bisogna chiedersi quindi: «Come posso nutrire questa persona?» E da questo si entra in un campo di sottili dettagli, di riflessioni e di specchi, che racconteranno anche qualcosa sul nostro bisogno.

Le domande che scaturiranno da questo processo sono le più intime e le più disparate, ad esempio potrebbe capitare di chiedersi: Perché mi provoca rabbia la sua richiesta/intenzione/bisogno? Perché a qualcun altro provoca indifferenza? Perché a quel mio collega/amico/conoscente provoca compassione? Quale ricordo mi viene in mente legato a questa circostanza? Tali domande, esercitandoci, ci caleranno in un aspetto più profondo della comunicazione, e sveleranno anche le nostre limitazioni e la nostra reazione emotiva rispetto ai diritti negati.

Durante la mia formazione come psicoterapeuta, avevo un professore, per il quale tutt'ora nutro un'ammirazione senza pari, il quale praticava un tipo di terapia intensiva e d'urto con tutti, sempre.

Questo professore sparava a zero su tutte le debolezze, ti abbatteva, ti negava l'aiuto, ti reprimeva, ti provocava, ti intimoriva moralmente e ti inibiva sessualmente; poi, quando eri a terra sfinito e amareggiato, ti raccoglieva, ti abbracciava amorevolmente e ti coccolava, ti lusingava e ti incoraggiava, per poi ricominciare un momento dopo. Era frustrante!

Ogni tanto io o qualche mio collega, dopo sedici o diciassette ore di terapia di gruppo, sbottavamo ed esplodevamo di rabbia, oppure crollavamo in un pianto disperato, o ci rinchiudevamo in un bozzolo di terrore. In quel momento avveniva il prodigio, la crisi era l'elemento che il mio professore utilizzava per scalfire l'armatura caratteriale. Quell'armatura che talvolta ci fa pensare «Tanto non ho bisogno di inveire contro di lui; ho paura di affrontarlo, da lui dipende il mio percorso accademico; cosa mi ribello a fare? Tanto non cambierà nulla».

Così, giunti all'esasperazione, uno a uno, nel corso degli anni siamo esplosi tutti, abbiamo afferrato il timore, abbracciato la paura, sentito la fatica della rabbia e... abbiamo raggiunto un nuovo equilibro, più solido e più adulto. Crisi, in giapponese, si pronuncia Kiki e significa pericolo + opportunità.

E tu? Di cosa hai realmente bisogno? Cosa ti nutre?

Copioni, giochi e transazioni

Quando due persone si incontrano in un determinato contesto, una delle due comincerà a parlare, dando luogo a uno stimolo "transazionale" in cui la persona dà segno di aver percepito la presenza dell'altra. Quest'ultima, a sua volta, risponderà qualcosa, collegato allo stimolo percepito, verbale o non verbale, dando inizio a una transazione.

In sintesi, questo è il presupposto sul quale si fonda tutta una corrente di pensiero e di terapia psicologica, che ha come fondatore lo psicologo canadese Eric Berne. Ancora una volta, studi sperimentali e basi scientifiche hanno dimostrato come la maggior parte dei comportamenti che mettiamo in pratica sono influenzati dalle esperienze infantili, tuttavia le transazioni che agiamo quotidianamente non sono di tipo genitoriale, ma in ogni caso ne rispecchiano le risonanze.

Questo è particolarmente rilevante nel maneggiare relazioni costrette, come potrebbero essere quelle all'interno di un luogo di lavoro o con un cliente. Questi comportamenti, acutizzati da situazioni stressanti o da altri input psichici, corrispondono a un vero e proprio mutamento della personalità. Tali comportamenti, nella cornice dell'Analisi Transazionale, vengono chiamati *Stati dell'Io*.

Gli Stati dell'Io, possono essere sintetizzati nella formula GAB e stanno ad indicare rispettivamente:

1. Lo stato dell'Io Genitore.
2. Lo stato dell'Io Adulto.
3. Lo stato dell'Io Bambino.

Teniamo conto che in qualsiasi momento un membro del nostro gruppo manifesterà uno di questi tre stati, oscillando probabilmente da uno all'altro a seconda delle circostanze.

L'Io Bambino è dotato di intuizione, spensieratezza; scherziamo con i colleghi e ci emozioniamo per la fine di un lavoro. È il mondo delle emozioni. L'Io Genitore, rappresenta il dovere e le regole, regge lo stress del lavoro, come un vero genitore oscilla tra l'essere critico e protettivo. L'Io Adulto è pragmatico, calcolatore, esamina i dati razionalmente, con distacco, valuta le strategie migliori.

Contrariamente a quanto si può pensare, tutte queste componenti sono egualmente importanti e non vi deve essere preferenza. È utile comprendere gli stati dell'Io senza diventare psicologi e farne tesoro nel proprio bagaglio di competenze utili, poiché ogni giorno abbiamo a che fare con persone diverse.

È interessante notare come a un collega/cliente Genitore, corrisponda sempre un dipendente Bambino. Un capo molto normativo, rigido e severo, avrà generalmente intorno dipendenti pronti a tutto per compiacerlo, che non manifesteranno mai nessuna iniziativa e non saranno in nessun modo propositivi. D'altro canto, nel caso in cui ci sia un dirigente Bambino, qualcuno che va in giro a raccontare barzellette, il capo/amico che puoi trovare vicino alla macchinetta del caffè e al quale puoi raccontare i tuoi problemi, prima o poi si incorrerà in un conflitto tra ruolo e persona.

Un dirigente troppo remissivo sarà corrisposto da dipendenti Genitori o Adulti che, per forza di cose, tenderanno a prenderne il ruolo o quanto meno la leadership. Si può pensare che quello dell'Adulto sia lo stato più bilanciato, ma all'interno di un'azienda, come capo o come dipendente, è necessario imbracciare tutti gli stati dell'Io, imparando quando è necessario far rispettare le regole e quando esse possano essere contravvenute.

I giochi

La teoria dei giochi è un particolare costrutto, formulato dal matematico John Nash, che predispone una sequenza logico-matematica nei meccanismi di presa di decisione. Anche nella vita di tutti i giorni ci confrontiamo con giochi di diverso tipo, non giochi per bambini, ma circostanze in cui moduliamo una serie di fattori per garantirci il massimo vantaggio possibile. Secondo la teoria dei giochi le caratteristiche fondamentali di un gioco sono:

1. Desiderio di raggiungere un fine.

2. Un "avversario" che ostacoli questo desiderio.

3. Una situazione di conflitto.

4. Regole da seguire.

Tornando all'Analisi Transazionale, per Berne un gioco è una serie ripetitiva di transazioni che ha un inizio, uno svolgimento e un premio. È interessante notare come talvolta l'ottenimento di un premio possa danneggiare qualcun altro, vi è in questo caso una situazione di conflitto tra il proprio e l'altrui vantaggio. Un esempio molto comune, è il caso in cui un soggetto manifesti un problema, a quel punto i membri del gruppo cominceranno a proporre soluzioni: «perché non provi a...» e l'altro risponde «sì ma...» e si può andare avanti per ore.

Il vero scopo di questo gioco non è trovare delle soluzioni, perché in quel caso si opterebbe per una delle soluzioni proposte, il vero scopo del gioco è l'attenzione di chi ha posto la domanda a essere visto e manifestare il proprio diritto a esistere o ad avere bisogno. In questo gioco si manifesta un Io Bambino richiedente che cerca

Genitori e Adulti saggi che lo indirizzino nelle scelte della vita, ansiosi di fornire consigli utili.

I giochi sono veramente tantissimi e ne esistono per ogni circostanza della vita, esistono i giochi amorosi, i giochi tra sconosciuti, i giochi tra pari ecc. Conoscere i meccanismi di un gioco può esserti utile per capovolgere l'andamento di una circostanza e per individuare gli attori in gioco. Dietro agli attori, ancora una volta, saranno ben evidenti le intenzioni e quindi i bisogni. Ogni bisogno necessita del suo nutrimento, ogni nutrimento comporta un certo sacrificio da parte nostra.

Qualsiasi sia l'interazione o la transazione che decidiamo di intrattenere, saranno sempre attivi questi meccanismi, ma non farci troppo caso, non sono armi, sono modalità più profonde per entrare in contatto con il nucleo dell'animo umano.

Valerio Imondi (Psicologo clinico, esperto in Psicoterapia Umanistica e Bioenergetica, Samurai)

Beh, c'è poco da aggiungere se non ringraziare Valerio per il suo fantastico intervento. Dopo questa parentesi con l'esperto psicologo, siamo pronti per iniziare a fare sul serio, vediamo cosa ci aspetta nel prossimo capitolo.

RIEPILOGO DEL CAPITOLO 1:

- SEGRETO n. 1: durante la storia il lusso è stato perseguito e considerato un fattore negativo per la società.

- SEGRETO n. 2: l'evoluzione del lusso ha portato, nell'Età moderna, ad accettarlo sempre di più fino a farlo diventare uno status sociale ben definito.

- SEGRETO n. 3: dare una definizione del lusso non è affatto semplice, ma sappiamo che sono l'interazione umana e l'unicità dell'oggetto o del servizio a creare il lusso.

- SEGRETO n. 4: per l'arte antica dei Samurai il servire (in maniera impeccabile) è un fatto di onore.

- SEGRETO n. 5: bisogni, emozioni e carattere sono alla base delle richieste nel lusso e capire le dinamiche del cervello che spingono a soddisfare questi bisogni è fondamentale.

Capitolo 2:

Come soddisfare varie categorie di clienti Luxury

Bene, ecco una piccola carrellata di clienti che si possono incontrare quando parliamo di lusso. Ti illustrerò le 10 figure di clienti-tipo e come andare incontro alle loro esigenze. Sono le categorie di clienti che mi è capitato personalmente di gestire e di cui voglio condividere con te le caratteristiche, più o meno facili da intuire, oltre a piccoli trucchi da applicare per aiutarti nella gestione di ogni tipo di cliente.

Faremo una rapida carrellata in cui elencheremo i punti di focali da considerare in base al cliente che abbiamo di fronte.

Tipologia di clienti Luxury 1 di 10: il business man

Il businessman, meglio conosciuto come uomo d'affari, è un cliente che viaggia tendenzialmente molto, vestito sempre (o quasi) in modo impeccabile, sicuro di sé e che nelle comunicazioni è sempre rapido e conciso e vuole risposte precise e di valore (per lui).

Ecco una lista di 10 "suggerimenti" relativi a ciò di cui sicuramente avrà bisogno:

1. Wi-fi.
2. Notizie aggiornate.
3. No perdite di tempo.
4. Nella comunicazione, fargli capire subito i suoi benefici.
5. Offrire (dove possibile) area relax, massaggi.
6. Ricordarsi di non disturbarlo in orari non di "ufficio".
7. Essere puntuali e precisi.
8. Informarlo su dove può mangiare in modo veloce e comodo per il pranzo e dove potersi rilassare per la cena.
9. Prenotare hotel dove poter stirare le camicie, rilassarsi, avere servizio pulitura scarpe, sveglia a orario richiesto, colazione, area SPA e massaggio, adattatore elettrico, sacco vestiario.
10. Dare informazioni esatte e di valore.

Sono clienti che prediligono la gestione del tempo in modo preciso, a volte maniacale, quindi evita sempre di farli aspettare. Questa tipologia di clienti è poco incline alle attese e agli errori altrui, quindi presta la massima attenzione! D'altronde loro si aspettano dal lusso solo il meglio, e noi non vogliamo certo deluderli.

Tipologia di clienti Luxury 2 di 10: famiglia con bambini

Bene, siamo al secondo atto delle 10 figure di clienti Luxury. Si parla di famiglie, e qui le esigenze si fanno molto impegnative. Come sminarle? Te lo spiego subito.

Cliente "family"

Questa tipologia di cliente, essendo con la famiglia, vuole godersi il tempo che sta trascorrendo assieme ai familiari in competa sintonia con il mondo. Il focus principale sono i bambini, infatti consideriamo che, se loro stanno bene, tutta la famiglia sta bene (tienilo bene a mente!).

Per questa categoria di clienti possiamo considerare i seguenti punti per far sì che si sentano a proprio agio:

1. Un piccolo pensiero per i piccoli è cosa graditissima sia dai piccoli sia dai genitori.
2. Alloggio con letto supplementare, menù per bambini e attività per bambini nella struttura.
3. Considerare la possibilità di fare attività per la famiglia.
4. Durante l'estate, prenotare alloggi con piscina per bambini, (sono molto apprezzati).

5. Quando ti approcci al cliente, saluta dolcemente prima i piccoli.

6. Quando parli al cliente, se è in presenza della famiglia, tieni sempre nella conversazione tutti, guardandoli negli occhi (sì, anche i bambini).

7. Nell'offrire qualcosa ai bambini, abbassarsi alla loro altezza e porgere il regalo che stiamo offrendo.

8. Far sì che il cliente non debba pensare a nulla, preparando delle attività che può svolgere con i bambini.

9. Prepara una lista dei luoghi che il cliente potrebbe visitare con i bambini.

10. Verifica, durante l'incontro con il cliente, se sia lì per un'occasione speciale (compleanno, anniversario ecc.); in caso positivo, offri proposte per festeggiare in maniera unica.

Questa tipologia di clienti vuole essere coccolata e consigliata su cosa sia meglio fare per far stare bene tutta la famiglia, quindi dobbiamo essere ben orientati su questo e trovare soluzioni affini.

Come sorprenderli? Regala un sorriso alla loro famiglia, oppure un momento che rimarrà per sempre nei loro cuori, e ti ringrazieranno per sempre. Applica questi semplici consigli e vedrai come i clienti "family" rimarranno soddisfatti del servizio ricevuto, perché in fondo quello che vogliono da noi è semplicemente essere aiutati per rendere la loro esperienza rilassante, fluida e indimenticabile.

Tipologia di clienti Luxury 3 di 10: couples in love

Eccoci arrivati alla terza tipologia di clienti delle 10 figure di clienti Luxury. Questa tipologia di clienti è molto attenta ai dettagli, quindi non possiamo farci sfuggire nessuna sfumatura. Vediamo qualche piccolo segreto.

Per questi clienti la parola d'ordine è *dettagli*. Vedi, in questa semplice parola c'è un mondo che non puoi ignorare. Mi spiego meglio. Questa tipologia di clienti è alla ricerca continua di stupire il partner, con sorprese, regali, posti romantici e spettacolari. Qui il focus principale è stupire con effetti speciali, il classico "effetto wow".

Per questa categoria di clienti, consiglio i seguenti punti per poterli lasciare senza fiato:

1. Capire con semplici domande le aspettative del cliente (v.

pagine successive).

2. Capire cosa offrire alla persona che deve ricevere l'"effetto wow".

3. Alloggio: se possibile la migliore suite dell'hotel, possibilmente con vista, e richiedere set up con cioccolatini o frutta, fiori e messaggio di benvenuto (o d'amore).

4. Prenotare, dove possibile, un massaggio di coppia e l'utilizzo della SPA (meglio se privata a loro disposizione esclusiva).

5. Consigliare una lista di (almeno 3) ristoranti romantici (in caso fare una prenotazione) dove poter cenare.

6. Se possibile, organizzare delle sorprese nel loro ristorante con fiori, cioccolatino di benvenuto e un messaggio scritto dal cliente per il partner.

7. Consigliare i 3 luoghi più romantici della città dove poter fare una passeggiata, vedere un panorama suggestivo e magari da raggiungere in limousine.

8. Dove possibile, consigliare o prenotare dello shopping nelle zone più adeguate della città, magari con una *shopping guide*.

9. Organizzare attività di coppia come giro in barca, tour in Vespa o altre attività, in base alle esigenze specifiche del cliente.

10. Regalo di una certa importanza da presentare al partner, in base

alle esigenze del cliente (di solito anelli, collane e vestiti firmati funzionano molto).

Possono sembrare cose semplici, ma dietro a questi consigli ci sono mille dettagli, e nulla deve andare storto, Vediamo ora qualche esempio di domanda da porre per capire i dettagli e creare qualcosa di unico per il cliente:

- Quali sono i suoi fiori preferiti?
- Qual è il suo cioccolatino preferito?
- Quali attività le piacciono in particolare?
- Quali sono le sue passioni?
- Come voleva stupirlo/a?

Detto questo, mi rendo conto che può capitare di incontrare un cliente per altri motivi, magari per chiudere un business o altro, e non si ha molto tempo, ma se scopriamo che il nostro cliente è in città con la persona amata, anche per festeggiare un anniversario o altro, i 10 punti possono essere degli ottimi promemoria da tenere a mente per avere un'azione proattiva verso il tuo cliente. Oppure puoi usarli tu per stupire il/la tuo/a lui/lei. Tieni a mente i dettagli di questa tipologia di clienti e ti saranno grati per sempre.

Tipologia di clienti Luxury 4 di 10: clienti con cani

Quarto capitolo delle 10 figure di clienti Luxury. Qui le aspettative si fanno... sfidanti. Prepariamoci a tirare fuori il meglio di noi per far stare bene l'amico a quattro zampe, che è sempre parte della famiglia del cliente! Come soddisfarlo? Vediamo come fare.

Anche questi clienti, come i "family", vogliono rilassarsi per dedicare del tempo a loro stessi senza rinunciare al loro fedele amico a quattro zampe. Vien da sé che il focus principale per questi clienti è il divertimento-relax-benessere con un occhio di riguardo per il cane.

Ma vediamo alcuni spunti da considerare assolutamente per poter soddisfare appieno il nostro cliente.

1. Quando ci approcciamo al cliente, facciamogli i complimenti anche per il suo fantastico amico.

2. Se consentito dal padrone, accarezzare con dolcezza il cane del cliente chiedendo come si chiama e da quanto tempo è con lui.

3. Alloggio: consigliare o prenotare solo hotel dog friendly.

4. Far preparare in camera un menù per il cane, dove è consentito (sì, ci sono molti hotel che lo fanno).

5. Verificare se c'è una SPA per cani in città e suggerirla al cliente.

6. Chiedere se ha bisogno di un dog sitter ed eventualmente prenotarlo in base alle sue esigenze.

7. Preparare almeno 3 ristoranti da suggerire che accettano cani (di solito, se di piccola taglia, ci sono molti ristornati che li accettano).

8. Suggerire dei parchi dove potere andare insieme all'amico a quattro zampe.

9. Per lo shopping, inserire qualche suggerimento con luoghi dove possano trovare oggetti per il loro cane (ci sono molti negozi, anche di brand molto importanti, che offrono opzioni valide).

10. Preparare una lista di veterinari aperti h24 da usare in caso di emergenza o da fornire al cliente.

Questi clienti sono molto inclini ai suggerimenti, di solito non è complicato gestirli, non hanno pretese complicate e sanno che viaggiare con il cane non è sempre semplice. Conoscono le problematiche di chi porta con sé il proprio amico a 4 zampe e, per questo, quando ricevono consigli e suggerimenti di valore, sono ben contenti di poterli accettare, dato che per loro possono essere davvero risolutivi e importanti, sminando dei classici problemi che affrontano quotidianamente. Quindi direi un bel valore aggiunto, non trovi? Considerando queste piccole accortezze, possiamo davvero fare la differenza e fare per sempre nostra questa categoria di cliente.

Tipologia di clienti Luxury 5 di 10: clienti sportivi

Eccoci a metà strada delle 10 figure di clienti Luxury. Parliamo di tutti quei clienti che sono sempre attenti alla forma fisica e amano fare sport. Questa tipologia di clienti ha richieste specifiche che dobbiamo saper soddisfare. Scopriamo come.

I clienti sportivi amano tenersi in forma, sono molto lucidi e sanno cosa vogliono. Ora, le caratteristiche variano in relazione alla disciplina praticata dal cliente (dal ciclista al corridore, da chi segue un percorso in palestra a chi pratica vari sport come golf, tennis, padel ecc.). Dobbiamo assecondare le loro esigenze e soddisfare al meglio le aspettative cercando di andare anche oltre. Quello che vogliono è rilassarsi, fare sport naturalmente, mangiare sano, divertirsi.

Per loro lo sport non è una semplice attività fisica, ma un modo di vivere; facendo sport si scaricano dallo stress che possono aver accumulato durante la giornata, o partire carichi facendo sport al mattino presto.

Come sai, lo sport ha molteplici benefici e loro ne colgono appieno l'essenza; quello che per te può sembrare faticosissimo per loro è essenziale per potenziarsi ed essere più carichi, tonici e in linea con la loro essenza.

Ecco i dieci punti da considerare per questa tipologia di cliente:

1. Cecare di capire quale sport pratica e, se è lo stesso che pratichiamo anche noi, usarlo come gancio per uno scambio di informazioni e per creare un rapporto comunicativo.
2. Suggerire posti dove può praticare il suo sport preferito.
3. Se possibile giocare/correre con lui/lei (sicuramente vi entreresti in grande sintonia).
4. Alloggio: sicuramente con SPA e centro fitness, campi da tennis, golf ecc. Di solito in un resort, anche cittadino, si trovano strutture del genere.
5. Far sì che in camera il cliente trovi un cesto con frutta fresca e secca (gli sportivi gradiscono sempre) con un messaggio di

benvenuto.

6. Far trovare in camera anche un set di tè e tisane.

7. Suggerire o prenotare ristornati bio.

8. Suggerire o prenotare luoghi dove si possono fare attività come bike tour, Segway tour o similari.

9. Suggerire massaggi rilassanti che sicuramente sono tra le cose più gradite agli sportivi.

10. Consigliare eventi sportivi da vedere in città (partite, gare e così via).

Questa categoria di clienti tendenzialmente fa poche domande ma apprezza molto i buoni suggerimenti. A seconda della tipologia di sport, dovremmo fare più o meno domande specifiche per capire meglio come soddisfarli. Ad esempio, se pratica il golf dobbiamo sapere se vuole giocare a 9 o 18 buche, se ha con sé le mazze da golf o si devono noleggiare, se è destrorso o mancino, se ha bisogno del golf car, come desidera raggiungere il campo da golf e così via.

Invece un corridore podistico, per esempio, avrà bisogno di sapere soltanto dove sia un posto dove può correre, che può essere una pista ciclabile, un percorso dedicato e/o suggestivo sempre in linea con la sicurezza e il traffico (non gradito ai corridori).

Quindi, come vedi, ogni sport praticato ha i suoi dettagli che ci servono per capire come assistere il cliente nel modo migliore possibile. Teniamo a mente questi piccoli consigli e sicuramente i nostri clienti saranno più che soddisfatti.

Tipologia di clienti Luxury 6 di 10: clienti leisure

Sesta delle 10 figure di clienti Luxury. Per questi clienti dobbiamo affidarci a tutte le nostre conoscenze e competenze, c'è molto da fare e molte azioni da compiere per loro. Cosa si aspettano? Te lo spiego subito.

Qui parliamo di clienti abituati a viaggiare molto, che amano godersi la vita appieno con sfarzi e alla ricerca del meglio in tutto ciò che fanno. Viaggiano per piacere e/o tempo libero e sono focalizzati sulle attività del posto per vivere al 100% la loro esperienza di viaggio. Dobbiamo concentrarci sulle attività da proporre e trovare quelle chicche ed esperienze uniche che sicuramente gradiranno. Naturalmente sono clienti a cui piace divertirsi, quindi prepariamo ristoranti, hotel con SPA, autisti, attività da fare in città/mare/montagna (a seconda del luogo in cui ti trovi) la parola d'ordine è unicità ed emozione!

Ecco i punti assolutamente da tenere in considerazione per i nostri clienti leisure:

1. Accogliamoli con un caloroso benvenuto e offriamo la nostra completa disponibilità a dare loro il nostro supporto per tutto quello che vorranno fare.

2. Parlando con loro, cerchiamo di capire cosa piace loro fare, facendo domande pertinenti.

3. Proponiamo e/o prenotiamo escursioni, guide private, gite in barca, giri in *Ferrari*, parapendio... insomma tutto ciò che il posto ha da offrire.

4. Le attività devono avere quell'unicità che lascerà il cliente a bocca aperta.

5. Alloggio: tendenzialmente vicino al centro città e alle maggiori attrazioni e servizi.

6. Scegliere hotel con SPA, fitness e suite con vista mozzafiato.

7. Far trovare in camera sempre una bottiglia di champagne con un piccolo *cadeaux* per il cliente da parte nostra.

8. Consigliare 3 tipologie di ristoranti, top, elegante e tradizionale,

e quei ristoranti dove hanno cose particolari che fanno solo in quel posto; tutti naturalmente di ottima qualità.

9. Consigliare i 3 posti che devono assolutamente visitare o le 3 attività "must".

10. Preparare un'agenda con le attività da fare da mattina a sera, per tutto il periodo del soggiorno.

Questi clienti sono molto preparati sul luogo che visitano. Detto questo, sono anche molto propensi a ricevere consigli su cosa fare e tendenzialmente si affidano agli esperti del luogo. Ma stiamo attenti, se sbagliamo qualcosa, una probabile conseguenza sarebbe perderli, quindi fai la massima attenzione e verifica sempre due volte tutti i consigli che offri.

Per concludere, sì, per loro ci saranno molte cose da fare, ma il sorriso che faranno quando saranno soddisfatti varrà oro. Questi clienti sono riconoscenti e stai pur certo che, se fai un ottimo lavoro, ne parleranno con molte persone importanti. Emozione e precisione sono le parole d'ordine da tenere a mente per questa categoria di clienti.

Tipologia di clienti Luxury 7 di 10: clienti stranieri

Settima delle 10 tipologie di clienti Luxury. Questa categoria meriterebbe 100 capitoli a parte date le mille sfaccettature. Qui ti racchiudo la mia esperienza di 20 anni per darti le linee guida da dover utilizzare. Pensi che siano clienti complicati da gestire? *Sì, lo sono*, ma ora ti dico come renderti la vita più facile.

Devo dire che riassumere questa categoria in poche pagine è molto complicato e il perché è dato dal fatto che ogni paese ha le sue peculiarità da soddisfare. Per fare un esempio, basti pensare che un cliente americano ha esigenze e richieste molto diverse da un cliente giapponese, da un cliente russo e così via.

Le problematiche di chi viene da lontano da risolvere sono sicuramente le seguenti (comuni a tutti):

- Jet lag.
- Prese elettriche.
- Voltaggio dispositivi elettronici.
- Riviste e giornali del proprio paese (sì, nonostante Internet, sono ancora molto richiesti).
- Informazioni sulla città.

- Orario locale.

- Orario formato 24h.

- Formato data.

- Comunicare in lingua straniera (la maggior parte parla inglese anche se proviene da altri paesi).

Sì, lo so, ci sono anche moltissime altre cose, ma qui ho elencato solo quelle fondamentali.

Detto questo, ecco i punti più importanti da considerare per poter fare la differenza con i nostri clienti:

1. Salutarli nella loro lingua, anche se non la parliamo. Probabilmente la conversazione sarà tutta in inglese, ma salutarli nella propria lingua è un bell'"effetto wow".

2. Donare un piccolo prodotto tipico locale.

3. Quando si dà un appuntamento, ricordare sempre l'ora locale e quando sarà l'appuntamento.

4. Quando si indica un orario, utilizzare l'orario inglese basato su 12 ore e non su 24 (ad esempio, 5:00 pm e non 17:00) anche nelle comunicazioni via email.

5. Per i clienti americani, ricordarsi che nello scrivere o fornire le

date usano mese/giorno/anno e non come noi giorno/mese/anno.

6. Alloggio: tendenzialmente centrale e vicino alle maggiori attrazioni, con linea Wi-Fi ben funzionante e colazione a buffet inclusa.

7. Ristoranti da consigliare/prenotare: migliore della città, locale tipico (livello medio-alto), moderno trendy (ottima qualità).

8. Consigliare i 3 migliori posti da visitare (arte, cultura e shopping).

9. Ricordare al cliente che per le prese della corrente italiane serve un adattatore e che le nostre prese funzionano a 220 V (quelle americane, ad esempio, a 110 V) per far sì che eviti di bruciare qualche dispositivo elettrico.

10. Proporre attività come Vespa tour, giro della città in "500", *cooking classes* e altre cose che facciano vivere al cliente la vera esperienza del Made in Italy.

Bene, tieni a mente questi punti e stai pur certo che i tuoi clienti rimarranno soddisfatti. Come vedi sono piccole cose che ti permettono di fare la differenza, dettagli che elevano il tuo valore. Questi clienti si affidano ai tuoi consigli e sono sempre attenti a scoprire nuove opzioni che li possano entusiasmare.

Quindi focalizzati sul loro mondo e stupiscili! Ricorda che, alla fine, vengono nel tuo paese anche per coglierne l'essenza e la bellezza, quindi fai vivere loro l'esperienza dando valore al territorio e alla cultura. Inoltre, questi clienti vorranno portare con sé un ricordo indelebile, quindi per quale motivo non dovresti accontentarli?

Nota. Studia un minimo di cultura del paese del tuo cliente (se sai anticipatamente qual è) per imparare gestualità, ricorrenze nazionali e altre informazioni che si possono apprendere leggendo delle linee guida della cultura di un paese straniero.

Fai attenzione alla gestualità dato che, in alcuni paesi, gesti che per noi hanno un significato positivo potrebbero essere interpretati come negativi; pertanto rischi di fare figuracce e allontanare il cliente da te.

Tipologia di clienti Luxury 8 di 10: celebrità.
Ottava tappa del nostro viaggio verso la scoperta delle 10 tipologie

di clienti Luxury. Ora iniziamo a fare veramente sul serio e a spingere sull'acceleratore.

Parliamo delle *celebrità*. Sono certo che sei curioso di sapere come soddisfare questi clienti. È semplice? Sì, ma non troppo, e bisogna fare molta attenzione. Molti pensano che a loro non capiterà mai di incontrare clienti del genere. Beh, posso assicurarti che è più probabile di quanto tu possa pensare. In fin dei conti sono persone che usufruiscono di servizi come tutti noi.

In questi casi è *fondamentale* essere dei professionisti ed essere professionali. Cosa significa? Non dobbiamo farci influenzare dal personaggio che abbiamo davanti, trattiamolo come tutti gli altri e come faremmo con un nostro carissimo cliente: andrà più che bene.

Nota bene. No, no e ancora no ad autografi, selfie e simili. Così facciamo solo capire al cliente che non siamo delle persone serie. Trattalo come tratteresti un qualsiasi cliente importante e avrai moltissime possibilità di entrarci in relazione e magari di stringere un ottimo rapporto che a volte (è capitato) può scaturire in un grande legame di fiducia che potrebbe sfociare anche in amicizia.

Detto questo, ecco i punti da tenere a mente per soddisfare appieno le loro esigenze:

1. Tenere il completo anonimato del cliente che si sta incontrando.

2. Essere disinvolti e senza timori.

3. Parlare con il cliente alla pari, senza paure inutili.

4. Dare consigli mirati su ciò che viene richiesto.

5. Consigliare posti dove il cliente possa stare tranquillo e non assalito da persone o fan.

6. Per i ristoranti da consigliare, fare sempre notare l'importanza del personaggio e trovare un posto abbastanza riservato.

7. Alloggio: naturalmente top-class, con champagne, frutta, torta e fiori con un messaggio di benvenuto da parte nostra.

8. Se consigliamo delle attività, facciamo in modo che siano in forma privata e magari con aperture eccezionali, in orari in cui non siano aperte al pubblico; se non è possibile, avvisare comunque il cliente e informarlo.

9. Per lo shopping (un must, piace molto alle celebrity), far sì che si possa avere un'apertura straordinaria dedicata, ove possibile, o altrimenti una persona di riferimento che segua direttamente

il cliente.

10. Verificare se abbia bisogno di bodyguard e/o autista personale.

La vita da celebrità sicuramente non è semplice e noi dobbiamo cercare di fare del nostro meglio per far sentire a suo agio il cliente che abbiamo davanti.

Una volta che il cliente avrà capito che 1) non sei invadente; 2) non sei intimorito e 3) sai risolvere al meglio le sue esigenze, stai pur certo che quel cliente non si dimenticherà mai di te. Alla fine vuole fare cose ordinarie in modo semplice e rilassato.

Sicuramente potrebbe capitarti di dover gestire delle richieste last minute, dato che alle celebrità raramente viene detto di no: tieniti quindi pronto a far fronte a queste richieste con tutte le difficoltà che comportano e fai di tutto per portare a casa il risultato soddisfacendo le loro richieste per quanto possano essere strane, difficili o sfidanti.

Ultima nota, ricorda di portare sempre con te il tuo sorriso più sincero e l'entusiasmo: saranno sicuramente molto apprezzati.

Tipologia di clienti Luxury 9 di 10: clienti istituzionali

Penultima tappa del nostro viaggio alla scoperta delle 10 tipologie di clienti Luxury. Parliamo di presidenti, capi di Stato, monarchi, insomma, figure istituzionali. Calma e sangue freddo, adesso ti spiego come soddisfarli al meglio.

Hai mai salutato il presidente degli Stati Uniti? Hai mai soddisfatto le richieste di un re? Posso garantire che sicuramente è emozionante, ma bisogna fare davvero molta *attenzione*. Mi spiego meglio.

Tendenzialmente è sempre molto difficile, se non impossibile, parlare direttamente con questi clienti, dato che sono sempre circondati da forze dell'ordine e scorta al seguito. Può capitarci di doverli salutare e/o soddisfare qualche loro richiesta, che molto probabilmente arriverà dal loro braccio destro e quasi mai direttamente.

Naturalmente qui non si può assolutamente sbagliare, le aspettative sono altissime, questi clienti ricevono continuamente servizi di lusso ai massimi livelli e noi non possiamo essere da meno. Ecco i punti che dobbiamo assolutamente conoscere per poter soddisfare questa categoria di clienti:

1. Salutiamoli con il giusto appellativo (v. nella sezione "bonus").
2. Salutiamoli nella loro lingua madre, come abbiamo fatto per i clienti stranieri
3. Qualsiasi richiesta ha la massima priorità.
4. Anche le richieste più semplici vanno soddisfatte con eccellenza e rapidità.
5. Alloggio: sicuramente la migliore camera dell'hotel 5/6/7 stelle disponibile.
6. Far trovare in camera il set up di benvenuto, fiori freschi, champagne, welcome letter.
7. Ci faranno poche richieste ed è fondamentale accontentarle.
8. Tendenzialmente hanno già tutto organizzato, perciò diamo suggerimenti (giochiamoci i nostri jolly) solo se richiesti.
9. Tenere un basso profilo ma sempre attento e disponibile.
10. Non essere mai invadenti per nessuna ragione e usare la massima discrezione e privacy.

Bene, non mi resta che ricordarti di non essere impacciato, anche loro, come gli altri clienti, sono pur sempre degli esseri umani;

quindi facciamo un bel respiro, diamo il nostro meglio stando rilassati e concentrati e tutto andrà benissimo.

Se capita di dover comunicare direttamente con loro, oppure di dover passare del tempo con loro, ricordare sempre di portare un grande rispetto anche nella comunicazione, che deve rimanere rigorosamente formale. Comportiamoci con naturalezza, dando sì importanza al cliente ma, come detto anche in precedenza, ricordando che è una persona come noi, con diverse responsabilità.

Rimaniamo calmi e, con il dovuto rispetto, godiamoci il tempo con loro dato che tendenzialmente questi clienti hanno sempre storie importanti e interessanti da raccontare e condividere. Infine, ricordiamoci sempre di usare l'appellativo corretto in base al cliente che abbiano davanti (Vedi nella sezione "bonus").

Tipologia di clienti Luxury 10 di 10: clienti sfidanti (difficili!)
Bene siamo arrivati alla fine di questo viaggio alla scoperta delle 10 tipologie di clienti Luxury. Parliamo della categoria di clienti che il 99 % delle persone odia: i clienti difficili. Quelli che io chiamo clienti *sfidanti*. Vediamo come disinnescarli e farli

diventare degli ottimi clienti. Magia? Assolutamente no. E adesso ti dico come fare.

Onestamente, quante volte ti è capitato di dover trattare con una persona/cliente che ti ha fatto letteralmente saltare i nervi? Non preoccuparti, almeno una volta nella vita credo che sia capitato a tutti. So che ti starai chiedendo: cosa posso fare per gestirli al meglio? Come posso difendermi da loro? Di quali azioni ho bisogno per disinnescarli? Io ho creato il mio metodo che, nel 96,7% dei casi, funziona, ed è quello che mi permette di sminare le insidie che si nascondono dietro a ogni secondo passato con questi clienti.

Ti riassumo i punti più importanti da seguire per convertire e disinnescare questa tipologia di clienti che, se mal gestiti, possono diventare una vera e propria bomba a orologeria:

1. Arriveranno da te sfidandoti (o arrabbiati): tu resta calmo e sereno.

2. Ascolta attentamente cosa ti dicono e le sfumature dei dettagli.

3. Lascia che finiscano tutto il discorso, facendo capire che li stai ascoltando e dando loro la massima attenzione.

4. Una volta compreso il problema (lasciamo fuori i pregiudizi), inizia a lavorare per loro. Ad esempio, se ti chiedono di andare sulla Luna, fai loro capire che vuoi aiutarli e comincia da subito, iniziando dal chiamare la NASA.

5. Una volta fatte tutte le azioni, avrai delle informazioni che potrai utilizzare (negative o positive).

6. Aggiorna il cliente entro 20/30 minuti o, se rimane con te, lo informi direttamente.

7. Non fermarti mai, mai, mai al primo tentativo fallito.

8. Questa tipologia di cliente vuole che tu faccia delle cose per lui e non puoi sottrarti a questo; se provi a farlo, ti distruggerà.

9. Fatti tutti i tentativi per soddisfare il suo problema, se la risposta è positiva, illustra tutti i passaggi che hai fatto e le informazioni che hai acquisito per soddisfare la richiesta. In caso negativo, fai la stessa cosa, proponendo alternative valide o più fattibili.

10. Se la richiesta è andata a buon fine, ricontatta il cliente per avere un feedback e capire se realmente hai soddisfatto appieno la sua richiesta.

Importante. Tratta questi clienti con il massimo tatto, sono dei professionisti nel lamentarsi e conoscono bene ogni minima reazione del tuo corpo. Dato che per la maggior parte le loro esperienze sono negative, all'inizio ti tratteranno da incompetente. Armati di calma e pazienza e dedicati a loro, altrimenti ti faranno perdere molto più tempo, non risolverai il loro problema e darai loro l'ennesima conferma che nel mondo sono tutti incompetenti e nessuno sa come si lavora.

Ricorda. Ti stanno mettendo alla prova sfidandoti, vogliono capire se davanti a loro c'è una persona capace oppure il solito individuo che non vuole avere a che fare con loro. È qui che si distingue un professionista da un dilettante, è la tua migliore occasione per dimostrarlo, non fartela scappare.

Da tenere a mente. Sono clienti che faranno crescere la tua esperienza e professionalità in maniera esponenziale, quindi, se impari a gestire loro, puoi gestire chiunque. Perciò, più clienti sfidanti ti capitano, più rapidamente diventi eccellente, perché loro ti fanno lavorare al tuo limite e, quando si lavora al limite, il punto limite si innalza sempre di più.

Per farti capire l'importanza dei limiti che aiutano a migliorare le persone, cito una frase di uno dei piloti di Formula 1 più forte di tutti i tempi, Ayrton Senna: «Capita di pensare di avere un limite, così provi a toccare questo limite. Quando lo tocchi, accade qualcosa. E immediatamente riesci a correre un po' più forte, grazie al potere della tua mente, alla tua determinazione, al tuo istinto e grazie all'esperienza. Puoi volare molto in alto».

Fossi in te sarei felice di incontrare spesso clienti del genere perché alla fine sono più utili che dannosi. Quello che dobbiamo far capire loro è che:

- Siamo dalla loro parte.
- Vogliamo aiutarli.
- Lavoriamo per loro.

Segui queste piccole regole e vedrai che il cliente nel giro di pochissimo tempo sarà docile e potrai indirizzarlo verso la soluzione giusta, e stai pur certo che si farà guidare.

Le tre caratteristiche del VIP Service

Nei servizi di lusso sono sempre i dettagli che fanno la differenza. Che sia un jet privato oppure un autista personale, è sempre il fattore umano a fare la differenza.

1. Attitudine

Per un vero servizio di lusso, l'attitudine è il primo fattore fondamentale. Il servizio che diamo al cliente crea la magia che il cliente percepisce. Ma cos'è l'attitudine?

Credo che questo sia un punto molto delicato da trattare perché l'attitudine non è una cosa semplice da imparare e da insegnare. C'è chi ha una propensione naturale ad aiutare gli altri, a offrire il proprio aiuto a un altro individuo. Queste persone vogliono risolvere problemi di altre persone e sono felici di essere state di aiuto.

La propensione verso un atteggiamento (l'attitudine) dedito ad aiutare gli altri può essere innata o, con il giusto atteggiamento mentale, può essere appresa. Vien da sé che le persone naturalmente predisposte possono avere un vantaggio in questo, dato che naturalmente sentono il bisogno di dover aiutare (in questo caso un cliente) a risolvere un problema specifico o fornire un semplice aiuto.

Sì, ma per coloro che non sentono questa spinta cosa si può fare? Beh, come per tutte le cose, ci sono dei piccoli trucchi che possono aiutare a far sì che anche chi, magari come te, non ha una propensione o un'attitudine adeguata, possa fare in modo di portare il cliente dalla sua parte.

I 3 segnali che devi notare per capire che quello che stai facendo non è giusto sono i seguenti:

- I clienti lasciano spesso feedback negativi sul tuo operato.
- Smorfie di disappunto continue da parte del cliente.
- Quando il cliente ci mette continuamente in difficoltà.

Ci sarebbero anche molti altri piccoli dettagli da notare, ma per ora fermiamoci a questi macroelementi facili da individuare.

Bene, ecco cosa devi fare per cambiare la tua attitudine da negativa a positiva. Qui entrano in gioco il mindset, le credenze e le convinzioni che ognuno di noi ha. Se sei una persona con una giusta attitudine, sarai abituato a essere riconosciuto in maniera positiva da parte dei clienti, e ognuno di loro, in qualche modo, si "affeziona" a te. Per chi ha un'attitudine sbagliata, naturalmente il risultato sarà l'opposto.

Detto questo, ecco i dei piccoli e semplici trucchi che puoi applicare per fare la differenza:

- Considera che, se sei a contatto con clienti di un certo calibro, loro hanno delle aspettative di un certo calibro nei tuoi confronti e non puoi deluderli.
- I clienti sanno riconoscere chi ha voglia di aiutare e chi no, quindi avere espressioni (anche piccole) su domande che per te sembrano scontate è altamente controproducente.
- Vedi ogni singolo cliente come un'opportunità di poter migliorare la sua esperienza di vita.
- Anche se sei stanco, devi dare il meglio di te, facendo sì che il cliente possa avere la migliore esperienza possibile. Ti consiglio di guardare il cliente come se dovessi conquistarlo, come si fa con un uomo o con una donna.
- Armati del tuo miglior sorriso e non dimenticarti di essere presente "qui e ora", perché non avrai un'altra possibilità di mostrargli le tue capacità.

Semplice? A volte sì a volte meno, sta a noi creare i presupposti per tirare fuori il meglio di noi nelle situazioni che lo richiedono. Per far percepire la tua attitudine e predisposizione ad aiutare è basilare che tu applichi i consigli indicati. Vedrai che enorme differenza avrai nel farlo!

2. Anticipare i bisogni

La vera differenza nel mondo del lusso la fa chi sa anticipare le richieste del cliente: un mix di attenzione ed esperienza che porta a intuire di cosa ha bisogno e a stupirlo facendogli capire che sappiamo esattamente cosa vuole.

Ma, all'atto pratico, come si fa? Per fare questo dobbiamo essere assolutamente concentrati e attenti ai dettagli visivi e di udito. Sì, hai capito bene, la vista, perché con gli occhi possiamo classificare il cliente, vedere i dettagli di ciò che indossa, il portamento, l'atteggiamento, se è una persona timida, estroversa, e da qui calibrare il nostro aiuto.

Nota bene. Dare consigli senza vedere la persona che hai davanti porta più facilmente a commettere errori. Nel caso in cui fossi in collegamento telefonico con il cliente, se possibile cerca di fare una videochiamata (occhio al tuo vestiario anche in questi casi), altrimenti fai tutte le domande del caso per capire più dettagli possibili. Capisci quanto è importante avere "sott'occhio" il cliente?

Un altro aspetto è quello dell'ascolto. Anche dal tono di voce si capiscono molte cose: per esempio, se vuole fare una sorpresa a qualcuno, se vuole fare una bella figura, se è una persona a cui piace dettare le regole o propensa ai consigli. Come la vista, l'udito può aiutarci a capire, ad esempio mentre il cliente sta per arrivare, se ha in mente di chiederci qualcosa, e magari anticiparlo dicendo: «Scommetto che stava cercando questo...» Oppure avere già pronto il prodotto o il servizio che il cliente ha in mente di chiederci.

Nei miei anni in hotel, per esempio, mi capitava spesso di sentire la moglie dire al marito (lontani da me): «Ah, devo prendere la mappa per andare in centro». E io prontamente, mentre si avvicinava, prendevo la mappa, la aprivo e segnavo il punto in cui si trovava l'hotel. Questo mi permetteva di stupire il cliente con un semplice gesto, gesto che avrei comunque dovuto fare ma, in questo modo, anticipando le sue richieste, si veniva a creare un "effetto wow" senza fare nulla di particolarmente difficile.

Non serve creare qualcosa di straordinario per stupire, con delle piccole accortezze, anche dei semplici gesti possono diventare qualcosa di inaspettato. Sono certo che nella vita ti sarà già capitato di dover stupire qualcuno; ecco, qui il discorso è lo stesso e per farlo devi avere un amore nei confronti dei clienti come concetto generale e nel mondo del lusso tale concetto deve essere ancora più accentuato (è naturalmente un amore volto a far star bene il nostro cliente). Tienilo a mente, fallo diventare un punto fermo del tuo comportamento e stupisci il tuo cliente appena ne hai l'occasione!

3. Focus

In un vero servizio di lusso si è focalizzati sul singolo cliente, in modo che lui non debba fare nulla e sentirsi completamente compreso e coccolato. Quanto è vera questa frase?

Il fatto di focalizzarci sul nostro cliente è importante perché ci permette di attivare tutti quei sensi e quelle competenze che ci servono per dare il nostro meglio. Capisci che se un cliente Luxury parla con una persona distratta, automaticamente le sue aspettative crolleranno irreversibilmente?

Con il focus facciamo sì che la nostra concentrazione sia dedicata al nostro cliente, che alla fine è ciò che vuole. I clienti Luxury pagano anche per avere l'attenzione che meritano, e sono contenti di farlo. Fatto sta che siamo noi a dover far in modo che questo si tramuti in un'esperienza per il cliente.

Una volta che il focus è attivato, i nostri sensi captano quello di cui ha bisogno e, con la giusta attitudine, diamo la migliore esperienza di sempre al cliente, considerando aspetti che facciano in modo che il cliente non debba pensare a nulla. Ogni volta che un cliente Luxury percepisce che "non siamo con lui" è molto complicato recuperare. Quindi fai vedere di cosa sei capace e ricorda che un cliente del genere, una volta conquistato, è tuo per sempre e può portare molti vantaggi a te e alla tua azienda.

Cosa vuol dire la parola *focus*? Questa parola viene usata per moltissimi settori di lavoro, dall'informatica all'ottica, al business e così via. La definizione che trovo più appropriata è "prestare particolare attenzione a una situazione in un'area ben definita".

Ora, portando al nostro discorso la definizione di focus, viene da sé che il cliente ha bisogno (e naturalmente pretende) la nostra attenzione, in tutte le sue sfumature. Il focus ci permette di notare quei particolari che possono giocare a nostro vantaggio sia a livello comunicativo, paraverbale (come espressioni del viso, portamento, del body language e della respirazione, aspetto che tratteremo più avanti), sia a livello visivo (vedere come è vestito, quali gioielli/orologi indossa ecc.).

Queste caratteristiche le chiameremo PME (Punti di massima espressione) e sono tutte quelle comunicazioni, dirette o indirette, che il cliente ci fornisce in modo macroscopico e di cui parleremo in modo più approfondito nel prossimo capitolo.

Se facciamo attenzione e ci focalizziamo sui dettagli, capiremo tantissime cose sul nostro cliente, anche facendo le domande giuste focalizzate su di lui, in base ai segnali che lui manda al mondo esterno. Così facendo vedrai come cambieranno le risposte che il cliente ti darà in modo diretto e indiretto. Quindi, in pratica, quando un cliente arriva da te, devi focalizzarti su i PME (Punti di massima espressione). Queste tre caratteristiche sono alla base del servizio

Luxury che vuoi offrire.

Se sono cose che già stai facendo, bene, sei già a un ottimo punto rispetto alla maggior parte delle persone che sono lì fuori e che lavorano a contatto con il pubblico. Se hai qualche aspetto da ampliare, inizia a fare quei passi che servono per elevare le tue competenze.

Come lasciare fuori i problemi personali (consigli utili)

Prima di tutto voglio confidarti un "segreto". Tutte le persone che incontrerai nella tua vita hanno i loro problemi e molte di loro forse ne hanno più di te e più gravi dei tuoi. Allora ti chiedo: come mai ci sono persone che ci scaricano addosso i loro problemi e persone che, nonostante sappiamo che magari stanno passando un momento particolarmente difficile, si comportano come se nulla fosse?

Vedi, la natura umana ci porta a lamentarci di tutto (in linea generica) e pretendere una sorta di aiuto da qualcuno, non sapendo nemmeno di cosa abbiamo bisogno per risolvere questi benedetti problemi.

Ora ti svelo anche un altro "segreto". Che tu abbia la giornata più storta della tua vita o quella più felice, al cliente non importa assolutamente nulla, quello che vuole è soltanto essere aiutato a vivere una bella esperienza ed essere coccolato.

Magari ci sono dei clienti che conosci da anni con cui hai instaurato un rapporto più confidenziale, con cui puoi condividere anche informazioni più personali, ma nella stragrande maggioranza dei casi non è così. Qui non è il cliente che deve entrare nella tua testa, questo non accadrà mai, al contrario sei tu che devi continuamente entrare nella sua. Solo in quel caso, se ha un problema, tu empiricamente devi fartene carico e, per quanto possibile, cercare di risolverlo.

Ho notato che i problemi personali a livello lavorativo dipendono principalmente da:
- Problemi personali.
- Colleghi.
- Clienti.

Ci sono vari modi per risolvere questi ostacoli, come le tecniche che utilizzo io in modo semplice e pratico.

Problemi personali

Tutti noi ne abbiamo e sicuramente piangersi addosso o lamentarsi di continuo non aiuta, né a risolverli, né a trovare il mindset necessario ad affrontare un cliente Luxury.

Quando ho dei problemi relativamente importanti, quello che faccio per tenerli fuori è tenere il cervello impegnato dalle "distrazioni esterne" concentrandomi principalmente sulle azioni che devo fare e visualizzando le mie performance. Questa "semplice" attitudine mi aiuta a lasciare i problemi alla finestra e a riprenderli una volta che non ho un servizio o una prestazione da erogare.

Colleghi

A volte la pressione o la poca professionalità dei colleghi non ci aiuta a performare al nostro meglio, creando in noi un nervosismo inutile e molto poco produttivo per tutti. Innanzitutto, non si deve mai discutere oppure avere/creare attriti con un collega nel momento in cui si è con un cliente, potrebbe essere completamente controproducente, per tutte le parti coinvolte.

Se ci sono attriti o cose da dire in toni duri, bisogna farlo al di fuori dei riflettori. Quando questo accade, quello che faccio è lasciarmi alle spalle immediatamente l'accaduto, metterlo da parte e concentrarmi sul cliente; poi, appena possibile, tornare sull'accaduto chiedendo/dando spiegazioni in modo da capire quale sia stato l'errore/motivo che lo ha scatenato, in modo che sia motivo di crescita per entrambi. L'errore che tutti fanno è prendersela e attaccare il collega, e magari prendersi anche a brutte parole, creando uno stato emotivo dannoso.

Clienti

Beh, anche loro non ci rendono la vita semplice. Capita a volte (sicuramente con i *complaint makers*) che vengano da te e sbraitino nei tuoi confronti per qualcosa che magari non è stata nemmeno di tua competenza, mettendoti un senso di ansia, rabbia e frustrazione. I clienti, quando si lavora per molto tempo, tendono a rubarti l'energia, a volte sfinendoti.

In questo caso adotto la tecnica che chiamo "dello specchio". Quello che faccio è creare uno schermo emotivo inattaccabile su cui scorre l'emotività del momento per permettermi di gestire il cliente mentre sono con lui, senza che al contempo restino residui emotivi (solo quelli negativi, quelli positivi fa comodo tenerli, per ovvi motivi), e quindi permettermi di performare subito al meglio anche con il cliente successivo che, in caso contrario, dovrebbe subire il mio stato d'animo negativo generato dal cliente precedente e questa è una cosa assolutamente inammissibile per i clienti Luxury.

Quello che faccio, dicevo, è mettere uno specchio inclinato (schermo protettivo) su cui verso dell'acqua (fattore emotivo che il cliente rigetta su di me) che lascio scivolare come l'acqua fa su uno specchio.

Attenzione! Non vuol dire che io non debba dare un servizio ottimale al cliente, vuol dire che, una volta gestito un cliente anche sotto l'aspetto emotivo, ne avrò tanti altri da dover gestire. Quindi, appena finita la conversazione, cercando prima di convertire il cliente in modo positivo portandolo dalla mia parte, sono pronto ad affrontare una nuova "sfida" che non potrò sapere se sarà facile o difficile, ma sono certo che sarò pronto.

Bene, spero che questi semplici consigli ti siano utili come lo sono ogni giorno per me. Magari all'inizio ti sembreranno strani da applicare, ma è solo un fatto di pratica e di costanza nell'applicarli, poi ti verrà sempre più facile e naturale.

I 3 segreti per stupire i clienti Luxury

Questa è una vera chicca, ho deciso di andare oltre e di condividere con te i 3 segreti per stupire i clienti Luxury. Ma, attenzione, questi sono segreti che non troverai scritti da nessuna parte e che sono frutto di quasi 20 anni di esperienza. Quali sono? Ora andremo a scoprirli (ma non rivelarli a nessuno).

Segreto n. 1 – Le aspettative

Le aspettative... Sono convinto che hanno fatto più disastri loro di un esercito di Barbari. Scherzi a parte, l'aspettativa è l'attesa di qualcosa che si è immaginato che accada in un determinato lasso di tempo. È la ragione per la quale le persone si arrabbiano. Pensaci bene, quando ti arrabbi, qualsiasi possa essere il motivo che fa scaturire la rabbia, alla base c'è sempre un'aspettativa non soddisfatta.

La tua squadra del cuore perde? Tu ti aspettavi che vincesse e perciò resti deluso. Ti cancellano il volo che ti porterà in vacanza? Ti arrabbi perché le tue aspettative erano quelle di arrivare a una determinata ora in hotel e iniziare la tua vacanza. Stai tornando a casa dal lavoro e resti bloccato nel traffico per molto tempo? Ti innervosisci perché la tua aspettativa era quella di tornare a casa il prima possibile per rilassarti. E così per tantissimi altri casi. Ma facciamo qualche semplice esempio pratico.

Una coppia, moglie e marito, devono festeggiare l'anniversario di matrimonio ma il marito, preso da mille impegni, dimentica di regalarle dei fiori o, peggio, si dimentica di quel giorno così importante. Naturalmente la moglie si aspetta di ricevere anche un semplice messaggio di auguri dal marito, che non arriva.

Di conseguenza, la moglie si arrabbierà con il marito perché non le ha fatto gli auguri, o portato dei fiori, oppure organizzato una cena romantica. Il motivo di questa rabbia o delusione è dettato dalle aspettative della moglie deluse dal marito con mancate azioni che erano nelle aspettative data l'importanza dell'evento.

Altro esempio pratico. Un cliente prenota un Rolex e danno la data di consegna a 8 giorni lavorativi. È un orologio che il cliente ha cercato per tanto tempo e che finalmente ha trovato; in questo caso le sue aspettative sono quelle di poter andare in negozio, ritirare l'orologio e poterlo sfoggiare, aggiungere alla sua preziosa collezione o regalare a un parente stretto.

Si reca in negozio e, per qualche strano motivo, il corriere non ha consegnato in tempo l'orologio e il dipendente, nel caos lavorativo, ha dimenticato di avvisare il cliente che l'arrivo dell'orologio avrebbe avuto dei ritardi. In questo caso l'aspettativa del cliente viene delusa e, giustamente, si ha una reazione da parte del cliente che può essere anche spropositata o comunque dettata da un'aspettativa non soddisfatta.

Torniamo a noi. Ora ti chiedo: quante volte ti lamenti in 24 ore? Ogni quanto ti arrabbi in 24 ore? Quante volte rimani deluso in 24 ore? Anche se hai risposto «molte volte», oppure «tantissime volte», voglio svelarti un segreto: **non** sono gli altri, o il caso, che ti fanno arrabbiare, ma le tue aspettative nei confronti di persone o situazioni che, se non soddisfatte, provocano:

- lamentele;

- rabbia;

- delusione.

Ci sono una buona e una cattiva notizia. Le aspettative nascono in modo naturale (brutta notizia), ma noi possiamo gestirle con semplici esercizi che ci aiutano a scovarle (buona notizia).

Un esercizio che faccio consiste nel prendere un foglio bianco (o usare una nota sul cellulare) su cui metto una "X" ogni volta che mi lamento verbalmente, ma anche per le lamentele che partono solo dalla testa. Anche se sei una persona che si lamenta poco, resterai esterrefatto nel vedere il risultato a fine giornata. Questo mi aiuta a capire quante aspettative deluse ho ogni giorno, a creare aspettative "positive" e a individuare quelle negative per far sì che il mio atteggiamento sia sempre proattivo.

Il processo delle aspettative vale per ogni essere umano e i clienti Luxury non sono da meno. Loro hanno sempre grandi aspettative, date le esperienze nel campo del lusso, quindi hanno un'asticella di percezione molto alta. Ora, per soddisfare queste aspettative dobbiamo tenere conto di molti fattori che devono entrare in sintonia con il cliente. Ecco i 5 più importanti:

- Empatia.

- Comunicazione.

- Outfit in ordine e profumato.

- Feedback con il cliente.

- Prodotto e/o servizio di alto valore.

Ognuno di questi punti meriterebbe un capitolo a sé, ma in questo libro alcuni punti li abbiamo già toccati e altri li affronteremo più avanti. Per ora prendili come spunti da sviluppare e da considerare per far sì che le aspettative del cliente siano soddisfatte.

I 5 punti possono sembrarti non connessi, ma nel lusso sono cose basilari che vengono "richieste" dal cliente sotto forma di aspettativa "non richiesta" ma fondamentale. Se un cliente nell'ambito del lusso non dovesse riscontrare i 5 punti elencati, stai pur certo che in qualche modo avrai deluso una sua aspettativa. Probabilmente non ti dirà mai qual è l'errore che hai fatto, ma ti troverai a gestire una lamentela o, peggio, ad avere un cliente in meno.

Per concludere, le aspettative sono alla base di un buono o cattivo rapporto con il cliente, quindi cerca sempre di essere allineato con quelle del cliente per poter capire come renderlo felice al meglio, o quali opzioni offrire per non deluderlo.

Nota. L'aspettativa è collegata a un meccanismo di scelta che si basa sulle esperienze precedenti già vissute in un passato più o meno recente, e che quindi è soggetto a errori, dato che ogni caso di rapporto con il cliente ha i suoi dettagli, le sue dinamiche e i suoi risultati.

L'altra faccia della medaglia è rappresentata dal fatto che l'aspettativa è una risorsa per visualizzare tutti i possibili futuri che potrebbero crearsi, quindi è un'ottima alleata per mettersi nelle aspettative del cliente e anticiparne un bisogno o un'aspettativa. Infine, ricorda che anche tu sei soggetto, nei confronti dei clienti, ad aspettative più o meno consce. In questo caso ti consiglio di prendere solo le aspettative positive e amalgamarle con quelle che secondo te potrebbero essere le aspettative del cliente per creare un qualcosa di "magico" che faccia in modo che il cliente resti tuo per sempre.

Segreto n. 2 – I plus del servizio di lusso

Quando parliamo di lusso, parliamo di servizi unici che danno un valore aggiunto e che si differenziano per questo da un prodotto comune. I plus sono tutte quelle azioni personalizzate in quanto rivolte ad un unico e specifico cliente, volte a far sì che lo stesso venga toccato a livello emotivo e la sua esperienza sia unica, indimenticabile e soprattutto tagliata su misura. Sì, perché i plus da offrire sono diversi da cliente a cliente. Certo, potrai pensare che ci sono delle azioni che possono essere comuni, come offrire un caffè o dello champagne, ma queste sono azioni, diciamo così, "standard"; quello che intendo è un plus unico in base alle informazioni intime a cui non tutti hanno accesso.

Il plus del servizio di lusso è dato da vari fattori, i 3 più importanti che ho identificato sono:

- unicità;
- particolari;
- valore.

Teniamo a mente che spesso è molto semplice dare un plus ai nostri servizi: *dobbiamo "soltanto" prestare molta attenzione ai dettagli.*

Potresti pensare che, per dare un vero plus, si debba spendere una fortuna per dover impressionare i clienti di lusso, invece la maggior parte delle volte basta pochissimo, a volte sono sufficienti pochi euro.

Come dicevo, dobbiamo prestare molta attenzione ai dettagli, che sono la chiave del nostro plus di valore. Dettagli che possiamo sentire da un discorso che sta facendo il cliente con un'altra persona, oppure mentre parla al telefono, oppure mentre sta parlando con noi e ci svela un piccolo particolare che può giocare a nostro vantaggio.

Una volta mi è capitato un cliente molto importante in hotel, era con le sue due figlie, gioiose e bellissime. Mentre stavamo parlando, loro avevano manifestato tantissima voglia di un famoso uovo di cioccolato con la sorpresa all'interno e il papà aveva risposto che era quasi ora di pranzo e non si poteva fare. Secondo te, avrei potuto far passare in cavalleria una cosa del genere?

Naturalmente no, pertanto, finito di organizzare tutto quello che ci aveva richiesto il cliente, io e la mia collega ci siamo mobilitati per far sì che al loro rientro le bambine avessero la gradita sorpresa.

Devo dire che vedere il cliente e le bambine venire da me per abbracciarmi e ringraziarmi, come se avessi fatto un miracolo, è stato davvero gratificante.

Quindi come ti dicevo, i dettagli sono dappertutto, dobbiamo solo allenarci a scorgerli ovunque si trovino e sfruttarli a nostro vantaggio.

Un altro esempio di plus: scoprire la data di compleanno di un cliente. Mobilitati subito per organizzare un pensierino per lui, anche una cosa semplice ma che gli faccia capire che sai che è il suo compleanno e che è importante per te e, infine, che, avendolo ricordato o scoperto, gli avete fatto un pensiero per rendere la sua giornata ancora più speciale. Dopo di che, ricordati ogni anno di chiamarlo o di mandargli un messaggio di auguri (privacy permettendo).

Per concludere il mio consiglio è: stai sempre attento a percepire ogni dettaglio, e tieni le antenne accese e ben riceventi; sono moltissime le informazioni che si possono ricevere se si fa attenzione a queste cose.

Questi dettagli ti servono per non essere dimenticato e per restare impresso nella mente dei tuoi clienti. È la tua migliore arma per stupire, quindi sfruttala al massimo.

Segreto n. 3 – "Effetto wow"

Questo è forse l'aspetto più interessante da studiare e analizzare. Cos'è l'"effetto wow"? È la nostra capacità di stupire in maniera concreta e indelebile il nostro cliente con gli effetti speciali. Cosa intendo per effetti speciali? Quei jolly che sappiamo di avere e che possiamo sfruttare al momento giusto per far sì che il cliente resti letteralmente scioccato da ciò che abbiamo creato per lui, superando di gran lunga le sue aspettative.

Qui andiamo a toccare l'emotività più profonda delle persone e sappiamo benissimo che, quando abbiamo degli "shock emotivi", questi vengono ricordati per sempre. Ebbene sì, il nostro cervello crea i ricordi più indelebili quando è di fronte a un evento con una forte componente emotiva; questo fa sì che il ricordo resti per sempre impresso nella mente di qualsiasi essere umano. Se ne evince che l'"effetto wow" permette di essere ricordati per sempre.

Ad esempio, se scopro che il figlio di un mio caro cliente è patito della Formula 1 e, avendo conoscenze nell'ambiente della Formula 1 (il mio jolly), trovo il modo di poter avere dei pass per far entrare nei box e assistere al Gran Premio il mio cliente con suo figlio, sicuramente quel cliente mi sarà grato a vita (anche economicamente), perché ho creato **per lui** un momento unico che non potrà mai dimenticare.

Inoltre, secondo te, chi contatterà nel momento in cui avrà bisogno di un aiuto oppure dovrà fare un acquisto inerente al tuo campo di competenza? Le persone acquistano in base a chi ricordano e a chi le emoziona, quindi viene da sé che, se dovranno fare una scelta, molto probabilmente (quasi sicuramente) sceglieranno te. L'"effetto wow" è quel jolly che dobbiamo avere sempre con noi per poterlo sfruttare al momento giusto.

So che starai pensando: «Sì, ma mica è sempre possibile». È vero, concordo con te, ma più jolly riesci a creare durante il tempo e maggiore sarà la possibilità di poterli tirar fuori dal cilindro al momento opportuno. L'importante è che tu imprima a fuoco nella tua mente che devi avere qualche jolly a disposizione e prestare la massima attenzione per sfruttarlo al momento giusto.

I jolly si creano con l'attenzione all'unicità di alcuni servizi e rapporti da istaurare, perciò, anche se in un primo momento possono sembrarti inutili, coltiva tutti quei rapporti che poi ti potranno procurare quei jolly di cui hai assolutamente bisogno. Pertanto tieni sempre gli occhi ben aperti a 360 gradi: sul cliente si può provocare l'"effetto wow" con qualsiasi cosa, dalla più semplice alla più articolata.

Per concludere, crea il tuo mazzo di carte con più jolly che puoi e più possibilità avrai di poter vincere la partita. Steve Jobs ha detto: «Quando riesci ad arrivare al cuore di qualcuno non c'è più limite». Credo non ci sia frase migliore per esprimere questo concetto. Sono certo che questi 3 segreti, se ben assimilati e fatti propri, sono una vera bomba. Impara a sfruttarli al meglio e stai sicuro che la percezione che avranno di te, unita ai risultati che otterrai, sarà a dir poco incredibile.

Parla l'esperto Alessandro Scaietti Martinelli (Personal performance & business coach)

È con enorme piacere che ti presento una persona di assoluto valore, il coach Alessandro Scaietti Martinelli, che ci illuminerà fornendoci quei segreti che sono alla base di una performance capace di sbalordire anche te stesso. Goditi questo fantastico intervento.

"La performance"

«Un buon leader ispira le persone ad avere fiducia nel leader, un grande leader ispira le persone ad avere fiducia in se stesse» (*Eleanor Roosevelt*).

Ciao sono Alessandro Scaietti Martinelli, Personal Performance and Business Coach, autore, certificato in Coaching, PNL e Comunicazione e sono felice di essere qui per dare un contributo all'amico Giuseppe in questo libro. Credo e condivido esattamente le parole che ti ho citato qui sopra di Eleanor Roosevelt ed è per questo che oggi voglio parlarti di performance.

Sul vocabolario puoi leggere: performance ‹pëfòomëns› s. ingl. [der. di (to) perform «compiere, eseguire», dal fr. ant. performer «compiere», che è dal lat. tardo performare «dare forma»]. La performance, per quanto mi riguarda, è la realizzazione concreta di un comportamento, una caratteristica, è una qualità, è una skill alla quale tutti dovrebbero ambire e che anche tu devi cercare, inseguire, all'interno di quello che può essere il tuo business, sia che sia un business online o che tu voglia sviluppare un business offline, sia che tu sia un dipendente o un dirigente.

Certo è che, se non conosci le giuste strategie per raggiungere la tua migliore performance, c'è il rischio che tu possa andare in "burn out", come dicono in America, ovvero essere sommerso da tutta una serie di cose da fare tanto che, invece di performare, vai a stressarti ulteriormente.

Quello che certamente non vuoi in questo momento è essere stressato ancora più di quanto tu magari non viva già la tua esistenza, ed è per questo che oggi parliamo di performance. Fermiamoci solo per un momento e lascia che ti faccia questa domanda: Che differenza c'è tra una priorità e un'urgenza? Te lo ripeto: Che differenza c'è tra una priorità e un'urgenza? E soprattutto, come gestisci una priorità e un'urgenza? Dai prima spazio alla priorità o dai spazio all'urgenza?

Queste due cose sono fondamentali da comprendere anzitutto nel momento in cui dovrai performare nelle tue giornate, quindi capire, comprendere dove metti le priorità e dove vai a collocare le urgenze.

Una priorità è fondamentalmente quello che vuoi raggiungere, quello che vuoi ottenere, mentre le urgenze sono un po' quelle situazioni che capitano in ogni momento della giornata della tua esistenza, quando ti alzi al mattino e vai in ufficio, o al tuo studio, o al tuo posto di lavoro e la vita un po' ti strattona, perché tu magari hai la tua scaletta di cose da fare e appunto le urgenze entrano.

Questa situazione che cosa fa accadere? Fa accadere che spesso, là fuori, le persone non portano avanti le loro priorità e quindi non sono performanti; quante volte dicono: «Caspita, avrei voluto fare questa cosa... ma alla fine non sono riuscita/o a ottenerla!» Perché non sono riusciti a realizzarla? Perché esistono ogni giorno le "urgenze".

Sai, una cosa che mi piace in particolar modo e sulla quale mi sono disciplinato negli anni è "dire no". Non per il semplice motivo di dirlo, ma dirlo a tutte quelle persone che tendenzialmente non hanno uno scopo ben preciso, non hanno una direzione ben precisa, mentre io sì!

Spesso queste persone ci chiamano e ci dicono «Scusa sai, stavo guidando e quindi ho deciso di chiamarti», e magari in quel momento noi siamo concentrati, siamo "in mindset" su quello che dobbiamo fare e veniamo per così dire "disturbati".

Ti è mai capitato di sentire le persone che ti chiamano e ti dicono «Scusami, ti disturbo 30 secondi...» Beh, anche questo è un qualcosa che ci porta fuori dal nostro "mindset" ci porta fuori da quelle che possono essere le nostre performance. Quindi segnati bene questi tre punti.

1) Se vuoi iniziare a performare, inizia a capire quali sono le le cose alle quali vuoi (e non devi) dire sì e le cose alle quali vuoi dire no.

2) L'altra cosa importante sono le tue priorità, perché appunto la priorità è un qualcosa che *vuoi* ottenere, non chi *devi*. C'è una bella differenza tra ciò che vuoi e ciò che devi. Pensaci bene, i doveri

talvolta li assolviamo con un grande consumo di energia, mentre quello che vogliamo fa sì che il tempo magicamente si restringa, che il tempo all'improvviso ci faccia dire, percepire ed esclamare: «Caspita, sono già passate 6 ore e non me ne sono accorto/a!» Ecco, questo è quello che *"vuoi"* non quello che *"devi"* e quindi la priorità. Per metterla in atto, in pratica, ti parlerò della mia esperienza, di come io sia passato a diventare sempre più performante e come ho iniziato a fare tutte quelle attività che la stragrande maggioranza delle persone là fuori non vuole fare.

3) Se vuoi veramente impattare nel tuo business, che sia online oppure offline, devi iniziare, ahimè, a *disciplinarti*, e quindi la disciplina è amica della performance. Che cosa vuol dire essere disciplinati? Inizia a capire che cosa può essere sano per te e cosa può non esserlo, che cosa è tossico.

Io ad esempio ti posso parlare di una buona abitudine, una sana abitudine: quella di iniziare a dormire meglio la sera. Quindi vai a letto prima, la sera, comincia a non guardare più la televisione, piuttosto leggiti un buon libro prima di addormentarti e alzati presto al mattino.

Ma non perché ci sono i "guru" americani che ti dicono: svegliati alle 5 del mattino, i potenti del mondo si alzano alle 3 e mezza addirittura e quindi anche tu devi modellare queste persone. No, quello che ti consiglio è di alzarti un po' prima la mattina. Io personalmente da oltre 10 anni ho abbracciato la sveglia alle 5:30 del mattino e mi sono trovato molto bene.

Forse in questo momento ti stai domandando: perché alzarsi presto al mattino? Beh, una buona ragione è che al mattino nessuno ti può disturbare soprattutto a quell'ora, perché la stragrande maggioranza delle persone là fuori sta dormendo e quindi tu che cosa puoi fare? Te lo dico subito: puoi diventare sempre più efficace, puoi veramente iniziare a entrare in performance.

Prova a immaginare: dal momento in cui ti alzi dal letto, inizierai una serie di routine che, se vuoi, ti racconterò prossimamente e che ti aiuteranno a entrare subito in focus, subito in mindset per andare a seguire quelle che sono le tue priorità, la tua scaletta delle cose che vuoi ottenere, che vuoi fare!

Non ho detto "che devi", ma "che vuoi", quindi ti svegli al mattino, fai una serie di routine che, se vuoi, ti suggerirò e ti consiglierò, e che personalmente eseguo da oltre 10 anni a questa parte, e poi inizi subito a eseguire le tue task. Inizierai subito a smarcare i tuoi punti e ti assicuro che è proprio una bella sensazione smarcare delle cose che vuoi fare, che vuoi ottenere.

Ricapitoliamo:

1. Inizia a dire "sì" e "no" nella maniera corretta.
2. Stabilisci le tue priorità.
3. Inizia ad andare a letto prima la sera, svegliati prima al mattino. Lascia perdere la televisione, piuttosto leggiti un libro che ti possa ispirare, che possa accendere la tua creatività e possa formarti, trasformarti per aiutarti a migliorare, crescere, imparare, per poterti evolvere, per poter fare la differenza. Ma non farlo semplicemente per una forma di egoismo, no, fallo perché vuoi evolvere tu, perché vuoi impattare là fuori nei confronti della gente.

Ora mi dirai: «Alessandro, ok, ho capito! Come faccio a passare dalle parole alle azioni?» Devi pensare alla performance come a un qualcosa che ti serve, perché assieme al carburante serve il comburente, proprio per far funzionare meglio la nostra macchina.

E soprattutto prova a pensare a quante volte chiedi energia alla tua "macchina", quindi al tuo corpo e alla tua mente, e poi ti senti stanco e arriva il mal di testa e poi tutta una serie di cose quali allergie e chi più ne ha più ne metta.

Questo perché accade? Perché fondamentalmente non ti occupi bene del tuo corpo, della tua mente, del tuo spirito, eppure chiedi loro delle prestazioni. Prova a pensare come sarebbe andare su una pista di automobili con una vettura che non sia attrezzata per entrare in pista: schiacci l'acceleratore e molto probabilmente alla prima curva, invece di fare la curva, vai dritto, perché non hai i pneumatici corretti, non hai il giusto assetto dell'automobile, non hai le sospensioni adatte per fare quel genere di corsa e, soprattutto, dopo un po' i freni non funzioneranno più, perché non sono adatti a fare quello che viene richiesto a una vettura in pista.

La stessa cosa vale per te, nel momento in cui chiedi energia al tuo corpo, chiedi concentrazione, beh, in quel momento lì tu hai bisogno esattamente di strategie, di metodi, di protocolli che ti permettano realmente di spingere, di impattare su tutto quello che vuoi fare e, soprattutto, di andare a richiedere al tuo corpo... che cosa? Andrai a richiedere quelle che sono le tue energie mentali e fisiche e quindi, per fare questo, devi disciplinarti.

Siamo ancora qui, disciplina e performance sono due cose importantissime. A seguire abbiamo la "chiarezza di intenti", ciò che tu vuoi ottenere e fare. Sì, perché i nostri pensieri, le nostre parole, sono collegati poi alle azioni.

Noi oggi siamo esattamente quello che abbiamo fatto fino all'altro giorno e nel prossimo futuro saremo quello che stiamo facendo esattamente oggi! Albert Einstein diceva: «Non puoi cercare di ottenere nuove soluzioni, nuove cose, se continui a fare le stesse cose di sempre». Quindi da questo punto di vista è importante iniziare a formulare delle domande che ti aiutino a potenziare il tuo modo di affrontare la vita, di affrontare la quotidianità.

È per questo che è importante che tu ti possa alzare al mattino presto affinché tu possa portare avanti le tue task, tutte quelle cose che sono propedeutiche al raggiungimento dei tuoi obiettivi. Prova a pensare solo per un minuto a tutte le volte che ti sei alzato al mattino presto: cosa è accaduto? È accaduta una magia, hai portato avanti tutta una serie di task che ti hanno permesso di avanzare.

Sai, il successo non è un missile che parte e arriva sulla Luna percorrendo un tragitto lineare, il successo è un insieme di energie, di mattoncini. Sì, immagina i mattoncini del Lego: costruisci un mattoncino alla volta e lo stesso fai con il tuo successo e con il tuo crescere. Sai, io impatto sulla vita di tantissime persone nel mondo della formazione di "serie A" e le aiuto a performare ancora di più durante gli eventi live. E tutti là fuori vedono la "star" e dicono: «Wow, che bello, senti come parla, senti come si esprime, io non sarò mai così, non sarò mai in grado di fare questo».

Stai attento a quello che ti racconti ogni giorno quando ti svegli, domandati che cosa ti vuoi raccontare, chi vuoi essere, perché tutto ciò che ti racconti nel tuo cervello si realizza man mano nella tua vita, ed è proprio così, perché il cervello non distingue ciò che è realtà dalla non realtà. In base a quello che ti racconti, la tua vita si va a modellare.

Prova a pensare a tutti questi formatori, tutte queste persone di successo con le quali ho il piacere e l'onore di essere amico e di collaborare, e non te lo dico per pavoneggiarmi con te, ma per fornirti un dato importante. Sai che cosa hanno in comune? La voglia di fare performance, di essere sempre più disciplinate. La disciplina le aiuta a costruire, un mattoncino alla volta, per poter realizzare degli eventi live, degli speach memorabili, senza errori... Così dici: «Che bravo questo formatore!»

Ora prendi carta e penna e scrivi. Chi vuoi essere? Come vuoi essere percepito dalle persone? Inizia a farti queste domande, inizia a realizzare, a metabolizzare questo concetto: per poter diventare una persona di successo, per poter far sì che la tua attività possa veramente fare la differenza là fuori, hai bisogno di tanta energia, hai bisogno di disciplina, hai bisogno di un coach. Tutti i grandi sportivi hanno al loro fianco un coach che li aiuta a tenere la rotta, che li aiuta a diventare la loro versione migliore. E la tua qual è?

Sappi che comunque la vita ti disciplina a suo modo, quindi tu puoi scegliere se vuoi che la vita ti conduca o se vuoi condurre tu la vita; e spesso è proprio quello che capita.

Ti invito a fare una riflessione. Spesso la vita non ci chiede il permesso quando, magari, muore un nostro caro, quando accade un incidente, oppure quando accade qualcosa che necessariamente non ci aspettavamo. Che cosa accade in quel momento? La vita ci dà degli scossoni, degli strattoni, ed è per questo che ti invito ad allenarti a prendere in mano la vita e non a subire la vita.

Sono veramente contento che tu abbia acquistato questo libro, perché ti darà la possibilità, grazie all'esperienza di tutti noi, di poter performare nel tuo settore, di poter spingere con energia, con forza verso quelli che sono i tuoi obiettivi.

Concludendo, ti voglio ricordare una cosa importante: le magie accadono solo – e te lo dico con tutto il cuore – se tu vorrai metterci la tua parte, se tu veramente non aspetterai che le cose cadano dal cielo.

Ma se sei qui, in questo momento, è perché comunque sei una persona che vuole andare a prendersi le cose, quindi non mi resta che dirti che sono felice di poterti parlare attraverso questo libro e magari avrò il piacere e l'onore di poterti stringere la mano in qualche occasione della vita per poter approfondire il concetto di performance.

Ti saluto, ti abbraccio, buona performance!
By ASMcoach

Sono certo che i consigli del coach ti saranno utili, il mio consiglio, naturalmente, è di applicare quello che hai appena letto. Fammi sapere se anche per te avranno avuto l'effetto che hanno per me ogni giorno.

RIEPILOGO DEL CAPITOLO 2:

- SEGRETO n. 1: ci sono tantissime tipologie di clienti, ognuno con i propri bisogni che vanno soddisfatti.

- SEGRETO n. 2: impara ad avere l'atteggiamento e l'attenzione corretta anticipando i bisogni del tuo cliente e farai centro.

- SEGRETO n. 3: è importante non portare i problemi personali quando si è con un cliente Luxury per non fargli vivere un'esperienza negativa.

- SEGRETO n. 4: impara a stupire il cliente anche con piccoli gesti o cadeaux (sono quelli che ti faranno ricordare).

- SEGRETO n. 5: prova le tue tecniche per avere una performance duratura nel tempo, ogni cliente merita il tuo massimo.

Capitolo 3:
Come stupire i clienti in 3,76 secondi

In questo capitolo ti svelo un piccolo trucco per poter stupire in modo semplice e veloce il tuo cliente, applicabile sia in un ambiente Luxury sia in qualsiasi altro ambiente in cui si richieda un servizio al cliente oppure una vendita diretta.

Facciamo una premessa molto importante per cercare di capire prima di tutto cosa significa stupire un essere umano. Albert Einstein una volta disse: «Chi non riesce più a provare stupore e meraviglia è già come morto».

Devi sapere che lo stupore è alla base delle emozioni, dato che il cervello analizza e processa gli avvenimenti seguendo una precisa sequenza. Appena accade qualcosa di inaspettato, l'emozione primaria che ci pervade è la sorpresa, che ha una durata di circa un secondo. Dopo di che, il nostro cervello inizia ad analizzare quello che sta accadendo e passa a un'altra emozione, che può essere felicità, rabbia, paura, a seconda del tipo di evento che sta accadendo in quel specifico momento. Nello specifico la nostra mente attiva:

1. Componente cognitiva che ha la funzione di valutare lo stimolo che sta ricevendo.
2. Componente fisiologica dove si attiva la reazione allo stimolo.
3. Componente emotiva dove si ha una reazione comportamentale/motoria.

Stupire, per la nostra mente, significa "reagire a qualcosa di inaspettato", e questo fa sì che il nostro cervello si attivi in una maniera incredibile; infatti, lo stupore attiva l'attenzione, dato che deve cercare risorse per gestire l'evento inatteso. Si stimolano le funzioni cognitive per cercare un collegamento tra le proprie esperienze e l'evento "sorprendente" che sta accadendo, facendo acquisire una nuova conoscenza.

Ora, avendo attivato con lo stupore tutte queste funzioni, non dimentichiamoci che la sorpresa è un'emozione e le emozioni ci servono per i nostri ricordi; sì, hai capito bene, i nostri ricordi. Come già ti ho spiegato un ricordo diventa tale, e non finisce nel dimenticatoio della memoria a breve termine, nel momento in cui a un avvenimento colleghiamo una reazione emotiva, e per questo sta pur certo che, attivando questo meccanismo, rimarremo molto impressi nella memoria del cliente.

Vedendo il tutto sotto l'aspetto affasciante della neurobiologia, quando si genera un elemento di meraviglia, il cervello produce delle sostanze, come neurotrasmettitori e ormoni, che hanno l'effetto di rinforzare con effetti positivi l'umore e di creare una percezione più piena, fortunata e ricca della vita. Beh, puoi capire da solo quale potenza ha quello che sto per spiegarti, vero?

Capito come funziona il cervello, credo che per te ora sia più chiara l'importanza del segreto che sto per svelarti, per aprire molte porte che altrimenti resterebbero chiuse. Prima però voglio chiederti: riusciresti a stupire qualcuno in 3,76 secondi? Sembra difficilissimo o quasi impossibile, vero? Ora ti spiegherò come fare.

Stupire i clienti in 3,76 secondi

Credi che sia impossibile stupire un cliente in così poco tempo? Sì, per molti lo è. Infatti si tratta di una questione di struttura e conoscenza. Ma veniamo a noi. Sei curioso, vero? Ora ti svelo questo piccolo trucco per stupire il tuo ospite in brevissimo tempo. Perché proprio 3,76 secondi, ti chiederai? Perché è il tempo di reazione (medio) che il cervello impiega per realizzare che sta accadendo qualcosa di stupefacente, qualcosa che non ha mai visto prima. Quello che devi fare, all'inizio, può sembrarti strano e impossibile, ma con un po' di pratica vedrai che diventerai un esperto.

Ok, ti dico cos'è. Ciò che dovrai imparare è: **saper scrivere al contrario.** Sì, hai capito proprio bene. Scrivere al contrario è ciò che ti permetterà di stupire il tuo cliente, dandoti quel valore aggiunto che ti posizionerà ben oltre la media, in modo autorevole e competente, lasciando il tuo interlocutore di stucco in un tempo infinitesimale.

Devi sapere che, quando il nostro cliente si stupisce e si emoziona per qualcosa che noi sappiamo fare e lui no, abbassa le difese, mettendoci così una posizione di forte vantaggio. Applicando questo trucco, avrai enormi benefici, dato che il cliente, toccato nell'emotività, si ricorderà sicuramente di te e ti percepirà subito come professionale e competente, come una persona di spessore e attenta ai dettagli.

Tecnicamente, prendiamo un foglio, lo giriamo nel verso del cliente e iniziamo a scrivere nel verso del cliente (che abbiamo di fronte) da destra verso sinistra, partendo dal basso verso l'alto e con le lettere al contrario per far sì che, quando scriviamo, il cliente legga direttamente quello che stiamo scrivendo, senza dovere poi girare il foglio, che detto tra noi, in un ambiente Luxury non è affatto bello né d'impatto. Invece, scrivendo al contrario, farai in modo che il cliente si stupisca di questa tua dote.

Detto questo, ti do delle piccole basi per poter imparare questa tecnica in maniera più veloce, risparmiando il 60% del tempo che ti ci vorrebbe normalmente e che io applico ogni giorno alle persone alle quali insegno questo segreto che, fidati, è di un valore enorme.

Ecco i 5 consigli che ti suggerisco di seguire:
1. Avendo un testo capovolto come riferimento, esercitiamoci a scrivere al contrario, quindi da destra verso sinistra, e in modo

che la persona davanti a noi legga in modo corretto.

2. Esercitarsi almeno 5/10 minuti al giorno (3 settimane basteranno per essere bravi).

3. Quando ti capita di leggere qualcosa, anche di semplice, tienilo al contrario e leggi il testo.

4. Prendere dimestichezza con il foglio per scrivere da destra verso sinistra.

5. Far sì che per il cervello diventi naturale leggere e scrivere in entrambi i versi.

Alcuni piccoli trucchi:

- la S è simile al 5;
- la Z è simile al 2;
- la M si scrive al contrario come la W (e viceversa);
- il 6 capovolto si scrive come il 9 (e viceversa) ed è anche simile alla G;
- l'1 è simile alla I;
- il 7 è una L rovesciata e viceversa.

Le lettere più difficili da imparare sono M e N (un pochino più difficili), ma dove passerai la maggior parte del tempo a esercitarti sarà sulle seguenti lettere e numeri: 2; 5; &; Z; S. Esercitati con questa frase: *Io mangio 5 pizze a Roma e 2 a Sassari.* Una volta che saprai scrivere questa frase, sarà tutto in discesa. Dopo avere imparato da solo, fai dei test con amici o parenti

Nota. Quando scriverai, alcuni clienti rimarranno fermi a capire cosa stai facendo e tu dovrai assolutamente continuare a scrivere, anche perché, se sei destrorso, coprirai con la mano quello che stai scrivendo; quindi, se stai scrivendo qualcosa di breve, come un nome oppure dei numeri, il cliente se ne accorgerà nel momento in cui finirai di scrivere e toglierai la mano, ottenendo un effetto "magico" per il cliente.

Il discorso è invece differente per i mancini, che sono avvantaggiati sul fattore sorpresa dato che, non coprendo quello che stanno scrivendo con la mano (come capita quando scrivono normalmente), il cliente vedrà subito che sta accadendo qualcosa di sorprendente.

Importante. Quando utilizzi questa tecnica con il cliente, devi essere fluido; anche se l'hai provata e riprovata, una volta che avrai qualcuno che ti osserva, la difficoltà sarà moltiplicata per 10, dato che il fattore emotivo per questa tecnica gioca sempre brutti scherzi, quindi esercitati molto per vincere anche questo fattore.

Bene, applica queste semplici regole e, in 3 settimane, saprai scrivere al contrario. I benefici li ho elencati e, naturalmente, è necessario esercitarsi con costanza: non serve molto tempo, ma bisogna fare pratica, soprattutto all'inizio, almeno 5/10 minuti ogni giorno.

Ti svelo un'informazione molto importante da considerare. Con l'avvento dei social e di Internet, tutto il mondo va sempre più veloce, ci si abitua sempre di più ad avere tutto e subito e il fattore sorpresa è un qualcosa sempre più difficile da ottenere, quindi capisci che stupire una persona in pochissimi secondi è un fattore assolutamente determinante e imprescindibile per la tua professionalità.

Una volta imparata questa tecnica, ti posso assicurare che il 96% dei clienti rimarrà a bocca aperta e ti si spianerà la strada verso la conquista del tuo obiettivo. Fai un ottimo uso di questo trucco, dato che è davvero potente e di grandissima efficacia.

Fare una fantastica prima impressione

Basta un battito di ciglia. La nostra mente è fatta di pregiudizi, aspettative, schemi mentali e ricordi basati sulle esperienze passate, quindi ci basta un decimo di secondo per etichettare una persona, soltanto vedendola a distanza, senza neanche parlarle. La nostra mente mette una sorta di "etichetta" e, non contenta di questo, andrà alla continua ricerca di conferme di quel pregiudizio iniziale, che sarà molto difficile da scardinare.

Siamo rapidissimi a dare un giudizio (giusto o sbagliato che sia) ma lentissimi a modificare questo giudizio iniziale (alcuni ne sono completamente incapaci). Ora, nel momento in cui entriamo in comunicazione con un'altra persona, invece, abbiamo soltanto 7 secondi per fare una bella impressione. Quindi un battito di ciglia quando qualcuno ci vede e solo 7 secondi di comunicazione per fare una bella impressione! Una bella sfida, non trovi?

Purtroppo, o per fortuna, il lusso non è immune a questo, anzi, probabilmente in questo mondo tutto è più accentuato, dovuto e con aspettative molto alte. Ho creato per te 11 passi da seguire per far sì che sia tutto più semplice e chiaro su cosa fare per fare una prima impressione degna di nota. Questi passi si basano su quanto ho impiegato anni ad assimilare e sono stati testati su migliaia di clienti durante la mia esperienza lavorativa.

Probabilmente troverai cose nuove che non hai mai letto nei libri, perché sono consigli pratici utilizzati in tutti questi anni di esperienza nel mondo del lusso. Ho fatto in modo che questi consigli siano applicabili al più vasto bacino di utenti che vivono il mondo del lusso e siano il più comprensibile possibile per chiunque.

Fatte queste premesse, direi che siamo pronti per scoprire gli 11 passi per poter fare una fantastica prima impressione. Sei pronto al cambiamento? Andiamo a vedere cosa dobbiamo assolutamente fare.

Gli 11 passi per fare una fantastica prima impressione

Benvenuti nel nostro viaggio, per scoprire come fare una fantastica prima impressione. Undici paragrafi nei quali sveleremo tutti i segreti per sapersi presentare in modo da essere ricordati. Iniziamo dal passo numero 1: fare gli onori di casa.

1. Dare il benvenuto

Capisco benissimo che possono esserci moltissimi contesti, ma quello che voglio condividere con te sono dei piccoli consigli applicabili in qualsiasi ambiente (negozio, hotel, incontro vis-à-vis e così via). Ecco cosa devi assolutamente fare nel momento in cui un cliente arriva da te:

- Fai in modo che il tuo cliente venga riconosciuto e salutato entro 15 secondi (di solito, standard di lusso accettabili sono tra i 20 e i 30 secondi), possibilmente con il proprio cognome, se è la prima volta che lo incontriamo, o con il nome, se già conosciamo il nostro cliente e abbiamo confidenza con lui. Se il contesto è, per esempio, quello di commesso in un negozio, oppure hotel, ristorante ecc., usare sempre e solo il cognome, anche se conosciamo il cliente (ad esempio: «Buonasera signor Rossi»).

- Presentarsi salutando nella lingua madre del cliente (basta un benvenuto), poi si può anche parlare una lingua comune (inglese e spagnolo di solito sono le più popolari, oltre al cinese, che sta spopolando in questi anni).

- Da sapere che in non tutte le culture si dà il benvenuto stringendo la mano per presentarsi. Quindi verificare di non fare errori grossolani magari offendendo il cliente senza rendersene conto.

- Se il cliente entra in un negozio o struttura di lusso, *tutti* i dipendenti (quelli che entrano in contatto con il cliente) devono salutarlo.

- Usa un saluto formale (ad esempio: «Buongiorno/buonasera signor X, le do il benvenuto in/a/nel Y»). *Mai* usare "ciao", "salve" o similari.

Nota. In alcuni casi (strutture e/o negozi) può capitare che il personale sia impegnato con altri clienti; in quel caso, i dipendenti devono far capire al nuovo arrivato che lo hanno visto, anche soltanto guardandolo, e magari fare un cenno con la testa e un sorriso per fargli capire che verrà servito il prima possibile. Questo semplice gesto fa un'*enorme* differenza perché fa sentire il cliente riconosciuto e compreso. Bene, hai appena compiuto il primo passo per far sì che la prima impressione si indirizzi nella maniera che desideri.

2. Cura personale

Secondo capitolo nel nostro viaggio, per scoprire come fare una fantastica prima impressione. In questo secondo appuntamento ti spiegherò l'importanza della cura personale, che molti confondono con l'apparenza, ma scopriremo che è molto di più.

Standard della cura personale

Caro lettore, gli aspetti fondamentali della cura personale, nel momento in cui ci interfacciamo con un'altra persona/cliente, sono di vitale importanza considerando che dobbiamo fare un'ottima impressione. Qui di seguito ho suddiviso l'argomento in macro-aree, in modo da semplificarlo e renderlo il più chiaro e semplice possibile, dal momento che è necessario avere sempre tutto sotto controllo, dalle cose più semplici a quelle più complesse.

Le 3 categorie più importanti che ho individuato sono:

- igiene personale;
- cura personale;
- vestiario.

Bene iniziamo dal primo punto, direi quasi imprescindibile.

Igiene personale

Premetto che diamo per scontato che tu, quando incontri un cliente oppure inizi una giornata lavorativa, abbia fatto prima una bella doccia/bagno e ti presenti bello, pulito e profumato.

Può capitare che, soprattutto d'estate, ci si imbatta in giornate faticose, in cui volenti o nolenti non siamo sempre al top, magari abbiamo vari incontri con i clienti oppure, se per esempio siamo al lavoro (negozio, ufficio, hotel ecc.) per molte ore. Ti è capitato, vero? Già. Anche a me.

In questi casi, datti sempre una piccola rinfrescata e presentati *sempre* nel migliore dei modi. Non lasciare nulla al caso, non dire o pensare che tanto non se ne accorgerà, è il preludio al "disastro".

Se hai la sensazione che la tua igiene non sia ottimale, puoi tranquillamente trovare due minuti per rinfrescarti andando al bagno, e in questi casi le salviette umidificate, il deodorante o un buon profumo sono i nostri migliori alleati, quindi tienili sempre a portata di mano.

Inoltre, ricorda sempre di avere le mani e il viso puliti, in particolare dopo i pasti. Controlla che non ci siano residui di cibo, briciole o altro (parafrasando un grande film, «ho visto cose che voi umani non potete nemmeno immaginare» in merito a questi particolari). Dopo il pranzo, ricordarsi di lavare sempre i denti e verificare che non ci siano anche lì dei residui e non mangiare pietanze contenenti *aglio* o *cipolla* dato che sono "fattori" che influiscono molto.

Porta con te, dove possibile, un cambio di scorta in modo da poter essere sempre fresco e profumato anche nelle giornate più impegnative.

Cura personale
Nella cura personale, devi stare attento a tutti quei dettagli che l'interlocutore nota quando si approccia a te. Sono le cose che si notano al primo impatto e che possono essere decisive in modo positivo o negativo a seconda della cura che avrai della tua persona.

Rigorosamente:
- Capelli in ordine, puliti e profumati.

- Barba fatta o curata.

- Tagliare peli del naso/orecchie troppo lunghi (soprattutto per gli uomini).

- No tatuaggi o piercing visibili (standard Luxury che piano piano si sta aprendo, ma ancora ancorato a vecchie radici).

- Mani pulite e senza anelli; accettata la fede per l'uomo e, per la donna, la fede più un altro piccolo anello poco invadente.

- Orecchini sempre piccoli e non invasivi (per le donne).

Ricorda che sono i dettagli che fanno la differenza nel mondo del lusso, quindi, anche per quanto riguarda la cura personale, sii molto rigido nel seguire le regole del gioco.

Vestiario

L'abito non fa il monaco, è vero, ma nell'ambiente del lusso l'abito è indispensabile. Compreresti mai una Ferrari da un addetto alle vendite vestito in canotta, jeans strappati e scarpe da ginnastica? Credo di no e sinceramente neanche io.

Ricorda di vestirti sempre in modo adeguato al contesto e comunque mantenendo il tuo stile con il giusto tocco di eleganza.

Se si lavora per strutture o negozi, ci atterremo a indossare la divisa fornita mantenendola sempre in ordine e ottimo stato, segnalando quando è da sostituire a chi di competenza.

Qui i particolari sono *importantissimi* e ti consiglio di prestare maggiore attenzione a:

- stato di usura dell'abito/vestito (particolare attenzione a maniche, orli e bottoni);
- vestito sempre pulito e stirato;
- camicia sempre pulita stirata e profumata;
- cravatta/papillon sempre con il nodo ben fatto (se indossati);
- calze sempre profumate e non danneggiate;
- scarpe rigorosamente ben pulite (i clienti notano molto questo dettaglio);
- accessori non troppo invasivi.

Come detto in precedenza, fai sempre la massima attenzione quando mangi. Sicuramente ti capiterà di incontrare dei clienti importanti a pranzo, perciò stai attento a non sporcare l'abito e, se dovesse succedere, cerca di sostituire l'indumento; se non è possibile, ricorda di tenere nella tua "cassetta degli attrezzi" uno smacchiatore, che può tornare molto utile anche nel caso in cui il cliente si sporcasse... è un plus per te e per lui.

3. Postura e body language

Terzo appuntamento nel nostro viaggio, alla scoperta dei segreti più nascosti che creano una fantastica prima impressione. Vedremo come postura e body language possono fare un'enorme differenza quanto incontriamo un Luxury client per la prima volta (valutandoci nei primi 7 secondi).

Qui il gioco inizia a farsi interessante. So cosa stai pensando: «Anche qui si riparla di PNL, paraverbale eccetera».

Diciamo che quello che voglio fare è semplicemente condividere con te le cose che applico, che per me funzionano e che provo sul campo da quasi 20 anni.

Mi spiego meglio. Quante volte ti è capitato di incontrare una persona (o cliente) e percepire al primo impatto il suo umore? Quante volte non ti sei sentito compreso dalla persona con la quale stavi parlando? Quante volte hai giudicato una persona solo osservandola e non scambiandoci nemmeno una parola?

Come sicuramente saprai, il nostro corpo comunica molto ma molto di più rispetto a quello che le nostre parole possono spiegare, e questo avviene perché il nostro corpo comunica continuamente con il viso, con il tipo di tono utilizzato e in minima parte con le parole.

Alcuni studi dimostrano che più del 90% della comunicazione è paraverbale, questo significa che meno del 10% del nostro messaggio comunicativo è veicolato dalle parole, che perciò hanno una valenza molto bassa rispetto a quella che è la totalità della comunicazione che esprimiamo.

Detto questo, è arrivato il momento di svelarti i miei trucchi, che sto applicando e che funzionano (per davvero) con la clientela Luxury.

La postura

La postura è fondamentale per far capire alla persona con cui parliamo che siamo centrati, riposati, pronti e puntuali. Cosa significa? Significa che il modo in cui stiamo in piedi ha un impatto molto importate.

Ecco per te delle annotazioni da seguire:

- Stare in piedi davanti al cliente in modo eretto (allineiamo, orecchie, spalle, bacino a formare una linea retta).

- Non coprire con le braccia la zona "vulnerabile", quella zona che copre basso petto, intestino, bacino.

- Non appoggiarsi a cose o persone (non è professionale).

- Avere i piedi stabili e ben saldi a terra (un esercizio che faccio, e che soprattutto ti voglio consigliare, è immaginare che dai tuoi piedi partano delle radici che arrivano fino a 3 metri di profondità, che ti permettono di avere una presente centratura e una maggiore stabilità).

- Non dare mai le spalle al cliente.

Sono cose semplici che, se applicate a dovere, ti daranno un grande vantaggio competitivo rispetto alla massa.

Body Language

Il corpo parla e comunica. Di questo argomento così complesso, potremmo parlarne per ore e ore, sei d'accordo? Sinceramente riassumere questo aspetto non è affatto una passeggiata, ma proverò a farlo nel modo più semplice possibile.

Ecco dei consigli basilari che puoi applicare immediatamente e avere ottimi risultati:

- Guarda la persona negli occhi in modo attento quando ti presenti.

- Sii sempre rilassato: per quanto possa essere una persona importante, davanti hai un essere umano proprio come te.

- Trova delle tecniche che funzionino al meglio per te in maniera tale da tenere sempre alto il tuo livello di performance, in modo da essere sempre al top per ogni cliente che incontri. Ricorda che ogni piccolo "centimetro" di stanchezza o poca voglia di voler aiutare viene percepito appieno.

- Il sorriso (sincero) e la voglia di voler aiutare (autentica) sono assolute priorità.

- Quando stringiamo la mano, facciamolo con presenza (né troppo forte, né troppo debole). Questo è lo schema che uso: fare un passo verso la persona/cliente;

- stringere la mano e presentarsi («È un vero piacere conoscerla» oppure «Piacere sono...»); una volta presentati, rifare un passo indietro, mantenendo sempre il contatto visivo con la persona/cliente con il quale si sta parlando.

- Tieni sempre le braccia aperte e non incrociate, anche se stai aspettando in piedi un cliente, oppure un personaggio famoso, tieni le braccia lungo il corpo in modo naturale e non stare a braccia incrociate.

Sì, lo so, ci sono anche molti altri aspetti del body language che andrebbero approfonditi, come la respirazione, l'emotività, la mimica facciale, la camminata e molto altro. Quello che ho voluto fare è darti delle basi facilmente applicabili che ti permetteranno di avere un risultato immediato.

4. Professionalità

Quarto capitolo nel nostro viaggio per scoprire il modo di fare una fantastica prima impressione. Qui parleremo di un aspetto molto interessante e sicuramente non da tutti: come essere professionali. Ti interessa, vero? Bene, vediamo se questo capitolo può esserti di aiuto.

Ho bisogno che presti attenzione. Apparire (ed essere)

professionali è uno dei pilastri fondamentali che dobbiamo consolidare per fare una prima impressione molto positiva. Sì, ma come fare? Scopriamolo subito.

Come sai cerco sempre di spiegarti ciò che devi fare nel modo più semplice possibile e, paradossalmente, essere (*sul serio*) professionali non è altro che il risultato di una serie di piccoli accorgimenti da dover rispettare.

Una breve ma doverosa premessa. La *professionalità* viene valutata anche quando non *stiamo interagendo direttamente con il cliente; è una forma mentis!*

Sappi che la tua professionalità sarà sempre valutata, sia quando sei a contatto con i clienti (forse la parte più semplice) sia quando non sei presente nel contesto (più complicato).

Immagina ora un gruppo di persone che lavora in modo **non** professionale. Capisci da solo che l'immagine che ne viene fuori è davvero di basso livello. E il basso livello non è per i clienti Luxury. Ti faccio qualche esempio.

Esempio A

Arrivo in hotel e trovo il vetturiere che mi apre la porta con un gran sorriso, mi dà il benvenuto, mi prende i bagagli e, entrando, il lobby ambassador mi accompagna personalmente alla reception, dove un'altra professionista mi accoglie gentilmente e inizia a fare il check-in facendomi sentire amato e coccolato.

Esempio B

Arrivo in hotel e trovo il vetturiere che sta parlando con un altro dipendente e, solo quando scendo dalla macchina, mi chiede se deve prendere i bagagli e se necessito d'aiuto; entro da solo senza sapere dove sia la reception, vedo un gruppo di 2/3 persone (dipendenti) che parlano tra loro senza degnarmi di uno sguardo, dopo di che, trovata la reception, mi avvicino e c'è una persona che sta con lo sguardo fisso al computer e che alza lo sguardo e mi degna di attenzione solo quando io le rivolgo la parola per primo e iniziamo il processo del check-in.

Ora, secondo te, quale esempio ti fa capire che stai entrando in un posto dove ci sono *veri* professionisti? Ovvio che la prima opzione ha tutto un altro sapore, anche solo a *immaginarla,* figuriamoci a *viverla.*

Capisci come una sinergia di intenti riesca a creare momenti unici? Momenti che verranno ricordati per sempre?

Ora veniamo a noi. Ecco alcuni semplici punti da tenere a mente per essere riconosciuti come professionali:

- Capire il fatto che verremo *sempre* valutati in qualsiasi momento, che siamo su un palcoscenico e abbiamo gli occhi addosso di tutti (colleghi e clienti).
- Se sei in una struttura/negozio, mai mangiare o bere davanti ai clienti o masticare chewing-gum.
- Mai strillare.
- Non usare il telefono (dedicati al tuo cliente).
- Avere *sempre* un atteggiamento consono alla situazione.
- Ricorda di non dare mai le spalle al/ai cliente/i (soprattutto in negozi e strutture).
- Essere sempre disponibili e pronti ad approcciare i clienti.
- Tutto ciò che facciamo ha un impatto positivo o negativo: dipende esclusivamente da noi.

Bene, spero che questi piccoli suggerimenti siano degli spunti per te e che siano facilmente comprensibili e applicabili al tuo contesto lavorativo. Come hai visto anche qui, semplici dettagli fanno un'*enorme* differenza tra un servizio dato in modo superficiale e un altro dato in modo professionale.

Detto tra noi... sappiamo entrambi che essere professionali ha un'enormità di vantaggi collaterali sotto qualsiasi punto di vista, e naturalmente aiuta non poco nella carriera lavorativa, posizionandoti in modo professionale come capace, preciso e competente.

5. Primo approccio con il cliente Luxury

Eccoci arrivati al quinto appuntamento su come fare una fantastica prima impressione. Ora parleremo del primo approccio che avremo con i clienti. È il primo contatto con i nostri clienti, quindi in agguato ci sono molte insidie. Vediamo come sminarle.

Gli scenari possono essere vari: dalle strutture ricettive ai negozi di lusso, alla ristorazione oppure a un semplice cliente che dobbiamo incontrare privatamente per fare business. Qualsiasi sia il contesto di riferimento, ovviamente, cerca di adeguare tutto alla situazione in cui ti trovi.

Ad esempio, se un cliente che conosciamo viene da noi e, invece di darci la la mano, ci vuole abbracciare, magari per ringraziarci in particolare per qualcosa, dovremmo farlo anche noi, con un abbraccio deciso e sincero.

Non fare mai gesti eclatanti e/o troppo esagerati: potresti risultare fuori contesto e il cliente potrebbe offendersi, a meno che, come per l'esempio precedente, non sia il cliente a fare qualcosa di inaspettato; in quel caso puoi assecondarlo dove e quando possibile.

Ecco degli spunti che possono essere validi per dare una prima assistenza al tuo cliente Luxury:

- L'aiuto deve essere dato subito, nell'immediato.
- Se ha un bagaglio, un borsone, un cappotto o altro, offriamo la nostra assistenza.
- Chiedere sempre (in maniera gentile) se il cliente ha bisogno di un qualsiasi aiuto.

- Offrire (dove possibile) qualcosa al cliente, come un caffè, un cocktail, un cioccolatino o similare.
- Entrare nel concetto che il cliente non deve fare nulla e deve solo *rilassarsi.*
- Un cliente del genere sicuramente pagherà molto (hotel, negozio o persona singola) quindi cerchiamo di soddisfare appieno le sue aspettative.

Quando ad esempio andiamo in un ristorante di lusso, come ci sentiamo? Lo sappiamo bene, vero? *Coccolati a 360 gradi!* Non è una sensazione fantastica?

Ecco, *questa* è la sensazione che dobbiamo cercare di far vivere al cliente in questione, dando il nostro tocco di personalità e originalità.

Ricorda bene. Ognuno di noi ha qualcosa di speciale da poter offrire, ed è quello che devi fare, coccolando (a tuo modo) il cliente. Stupiscilo!

6. Accompagnare e dare indicazioni

Bene, superiamo la metà del nostro viaggio su come fare una fantastica prima impressione con un argomento stupefacente. Parleremo di come accompagnare il cliente Luxury e dargli indicazioni, rendendo indelebile la nostra persona agli occhi del nostro assistito. Ecco cosa devi *assolutamente* fare.

Caro lettore, siamo arrivati al giro di boa del nostro fantastico viaggio. Finora abbiamo imparato:

1.   Dare il benvenuto.

2.   Cura personale.

3.   Postura & body language.

4.   Professionalità.

5.   Primo approccio con cliente Luxury.

Sono davvero cose molto interessanti, non trovi? Ottimo. Ora voglio condividere con te dei piccoli segreti facilmente applicabili su come accompagnare i clienti e come dare loro indicazioni. Questo è l'ennesimo dettaglio in cui molte persone sbagliano, avendo un atteggiamento poco consono e a volte superficiale.

Ecco i punti chiave da non trascurare.

Accompagnare il cliente:

- Dopo il benvenuto, conduciamo il cliente verso il luogo dove si deve recare (ad esempio alla reception, nel caso dovesse fare un check-in).

- Nel caso in cui non possiamo scortare il cliente, facciamo almeno tre passi con lui. Questo farà in modo che il cliente percepisca la nostra cordialità (ed empatia) nei suoi confronti.

- Farlo sempre in modo proattivo e con il sorriso.

- Chiediamo al nostro interlocutore il motivo della sua visita (affari, relax, viaggio con la famiglia).

- Una volta condotto il cliente al luogo di riferimento, comunichiamo alla persona che lo riceve cosa dovrà fare o di cosa necessita l'ospite.

Dare indicazioni:

- *Mai* dare indicazioni con il dito.

- Il modo corretto di farlo è con la mano (palmo aperto verso il cliente, con le dita attaccate tra loro che indicano verso la direzione).

- Spiegare in modo appropriato alla persona le indicazioni da fornire.

- In caso suggerissimo luoghi o posti specifici, diamo sempre l'indirizzo di riferimento e il contatto telefonico.

- Quando scriviamo qualcosa, facciamolo al contrario (verso il senso del cliente), come descritto in precedenza.

Nota. Ricorda di essere *sempre* preciso e di non lasciare nulla al caso: se di un'informazione o di un'indicazione non sei sicuro, accertarti di esserlo prima di comunicarla (in modo da dare l'informazione/indicazione corretta al cliente) e assicurati che *abbia capito.*

Bene, come abbiamo visto, in questa sezione non ci sono cose complicate da applicare. Ricordiamo però sempre che l'attenzione nell'applicare questi semplici passi farà sì che anche tu possa fornire un servizio d'eccellenza.

7. Eye contact

Settimo capitolo del nostro viaggio su come fare una fantastica prima impressione. In questa sede impariamo a usare il magnetico potere dei nostri occhi (e dello sguardo) a nostro vantaggio. Ti spiego come fare.

L'argomento è particolarmente importante: come usare i nostri occhi per fare una grande differenza con i nostri clienti Luxury. Come avrai oramai intuito, nelle situazioni importanti, la differenza la fa la somma di piccoli dettagli; ed ecco che anche qui, su questo argomento, abbiamo tante sfaccettature che, sommate insieme, danno adito a un'*enorme* differenza.

Ma cos'è l'eye contact? Te lo spiego subito. Per fare una prima impressione positiva, il contatto visivo è assolutamente fondamentale. Immaginiamo per un attimo di trovarci di fronte una persona che incontriamo per la prima volta, e che questa persona non ci guardi mai o pochissime volte negli occhi.

Ti è mai capitato? Che sensazione pessima, vero? Sì, è capitato spesso anche a me. Qui non sto parlando di timidezza, ma proprio di una scarsa attenzione nei confronti del tuo interlocutore, chiunque esso sia.

Ora, tornado a noi, ti do dei piccoli trucchi da poter applicare nell'immediato:

- Sii propositivo e cerca *sempre* lo sguardo del tuo interlocutore.

- Al primo saluto con il cliente, presentandoci, dobbiamo guardarlo dritto negli occhi e guardarlo con attenzione (un trucco è guardare gli occhi del cliente, come se volessimo vedere il movimento della pupilla).

- Se sei timido, immagina che tu stia incontrando il tuo migliore amico che non vedi da tanto tempo.

- Mentre parli con il cliente (*soprattutto nei primi minuti*) tieni lo sguardo diretto al centro degli occhi e nella zona limitrofa (ciglia, guance, naso, capelli orecchie ecc.).

- Quando parli con più di un cliente, rivolgi lo sguardo a tutti (compresi i bambini, se presenti), facendo capire che stai dando attenzione a ognuno di loro, senza trascurare nessuno.

- Gli occhi sono lo specchio dell'anima: sii sempre felice di incontrare il tuo cliente; farà un'enorme differenza nel tuo sguardo che sarà pronto e desideroso di andare incontro all'ospite.

Interessante, vero? Su questo argomento ci sono anche molti altri dettagli che richiedono un livello superiore di consapevolezza di questo strumento.

Ho voluto condividere con te dei suggerimenti facilmente applicabili da chiunque nelle più disparate situazioni allo scopo di renderle proficue e di far sentire l'interlocutore sempre a proprio agio.

Nota. Usa gli occhi anche quando sei in situazioni di difficoltà, ad esempio se hai dei clienti in fila e ne stai servendo uno, cerca di intercettare con lo sguardo anche quelli dietro (basta meno di un secondo) e fai loro un cenno d'intesa, come per dire: ti ho visto, finisco con il cliente e poi sono subito da te.

Ecco un piccolo esempio. Ti racconto una mia esperienza diretta per farti capire il senso e il valore dell'eye contact. Stavo facendo un viaggio in moto nel Nord Europa, e arrivai a Brema in un hotel 4 stelle della città. Nessuna pretesa, era un semplice hotel che doveva ospitarmi una notte, dato che sarei partito il giorno dopo. Ero stanco e avevo soltanto voglia di sdraiarmi un po' per riprendere le forze per l'indomani.

Arrivo alla reception e trovo due giovani; mi metto in fila e arriva il mio turno, ma il receptionist resta chiuso, con lo sguardo rivolto al computer, mentre l'altro era di fianco che stava finendo un check-in. Sono rimasto al desk a fissare quel ragazzo, pronto per ricevere assistenza, per 3 minuti e mezzo senza che lui mi guardasse mai, nonostante mi avesse notato; ero di fronte a lui, ma non si è mai discostato da quello che stava facendo al computer.

Tant'è che il collega a un certo punto gli ha detto: «Ma lo stai aiutando tu?» E lui: «No, assolutamente, ora ho da fare!» E considera che al desk in quel momento c'ero solo io e nessun altro! Non ti dico che sensazione negativa che mi ha lasciato, te lo lascio immaginare.

In questo caso io avrei alzato lo sguardo, almeno fatto un cenno di intesa e, se stavo facendo qualcosa di *assolutamente* improrogabile, avrei detto: «Signore, finisco qui e sono subito da lei». E comunque avrei chiesto al collega di farsene carico appena fosse stato libero e, nel caso fosse successo, nel momento in cui il collega se ne fosse fatto carico, avrei fatto un altro cenno d'intesa al cliente come a verificare che effettivamente il collega lo stesse aiutando e per essere sicuro che ricevesse l'assistenza richiesta.

Qui mi sono dilungato un po' ma ci tenevo che il concetto fosse chiaro, dato che alla fine gli occhi sono uno strumento potentissimo che va sfruttato in tutto il suo potenziale.

8. Il sorriso

Eccoci arrivati al nostro ottavo appuntamento su come fare una fantastica prima impressione. Parleremo di un argomento che definire "fondamentale" può essere riduttivo, pur nella sua estrema semplicità: il *tuo* sorriso. Ti starai chiedendo come sfruttare al meglio quest'arma. Vediamolo insieme.

Devi sapere che, fin dall'antichità, il sorriso è sempre stato sinonimo di felicità, benessere ed empatia, ed è considerato a tutti gli effetti uno degli strumenti più potenti per rapportarsi alle altre persone. Nonostante questo, il sorriso può essere usato in molteplici maniere e ci sono tantissimi modi e significati che possiamo attribuirgli.

I sorrisi, come sai, possono essere:

- ironici;

- d'amore;

- amichevoli;

- comprensivi;

- paterni;

- affettuosi;

- seducenti;

- intriganti;

- sarcastici...

E potremo continuare a scrivere una lista infinita di modi in cui utilizzare un sorriso. Detto questo, entriamo nel vivo della questione.

Il sorriso fine a sé stesso non ha mai un effetto "wow" nei confronti dei clienti, ma dev'essere supportato da alcuni accorgimenti e un atteggiamento *completo* del tuo corpo. Come fare? Condivido qui con te quelli che sono, a mio avviso, i 7 concetti basilari dell'avere un sorriso che faccia breccia nell'anima di *qualsiasi* cliente (d'altronde tutti noi sappiamo che, quando parliamo all'anima delle persone, diventiamo estremamente incisivi, persuasivi e, come dicono gli inglesi, "unforgivable"):

1. *Mai* sorridere soltanto con la bocca, ma con tutto il *viso e il corpo* (step avanzato).

2. Il sorriso deve partire dal cuore.

3. Per avere il miglior risultato, ricorda di essere *rilassato* e senza *pregiudizi o credenze* nei confronti del cliente.

4. Un sorriso falso viene immediatamente riconosciuto facendoti perdere *credibilità*.

5. Ricorda di lasciare i tuoi problemi personali fuori dal contesto lavorativo. Devi imparare a isolarli per far sì che la tua performance sia ottimale.

6. Sorridi al cliente come se fosse il tuo migliore amico, quello che non vedi da molto tempo (fa un'enorme differenza, *davvero*).

7. Il sorriso migliore è sempre quello sincero. Guarda il tuo cliente negli occhi e contagialo. Vedrai che sarà più rilassato e predisposto a darti valore.

Ci sarebbero poi molti altri aspetti su questo argomento, ma ho deciso di condividere con te questi 7 perché sono quelli che *se applicati*, danno il maggior impatto nel minor tempo possibile.

Magari all'inizio non avrai dimestichezza con tutte le regole, ma inizia prima con quell'una o due che ti vengono più naturali e, man mano che le saprai padroneggiare a dovere, inserirai le altre fino a completare tutto il quadro. *Stai pur certo che i risultati che otterrai saranno formidabili.*

9. Uniforme

In questo nono punto, scoprirai quanto è importante la tua "uniforme" quando si parla di top performance. Dato che non possiamo perderci nessun dettaglio, ecco alcune chicche che sono certo ti saranno *molto* utili.

Caro lettore, lo so che ti sembrerà una cosa ovvia, ma qui ci giochiamo *veramente* tutto. Come ben sai, o puoi facilmente intuire, il nostro aspetto è il *primo* biglietto da visita e, come per la cura personale, anche l'uniforme è un aspetto *fondamentale* e di grande impatto, prima ancora di pronunciare la prima parola.

Immagina di dover incontrare un tuo cliente in un ristorante di lusso. Arrivi e trovi il maître alla porta che ti dà il benvenuto; tu noti immediatamente che la sua divisa è sporca, senza un bottone e rovinata sui polsini.

Qual è l'immagine che ti faresti di quel ristorante? E della persona che la indossa? Esatto, di certo non una buona impressione, e sicuramente il ristorante partirà con molti punti da recuperare nei tuoi confronti per toglierti quella brutta sensazione.

Ora immagina la stessa scena: questa volta con una divisa pulita e splendente, completamente in ordine, con ottime rifiniture e profumata. Ti porto questi esempi per farti capire come una cosa che a prima vista puoi considerare "di poco conto" abbia degli effetti così *devastanti* senza dover nemmeno aprire bocca.

Tornando a noi, di base è naturale il buonsenso, quindi:

- "Uniforme" sempre pulita, profumata e stirata.
- Accessori in coordinato con il tuo abbigliamento.
- Restando elegante, crea un tuo stile "personale".
- Per cravatte, gemelli o papillon, indossa sempre qualcosa di consono, altrimenti potresti facilmente sfociare in qualcosa di volgare e pacchiano.
- Le scarpe sempre in tono con il vestito e rigorosamente pulite.

Oltre a questi punti basilari, ti do qualche altro consiglio pratico:

1. Le tasche non devono avere chiavi, portafogli o telefoni che dai pantaloni potrebbero vedersi.

2. Controlla che il tuo orologio sia funzionante e con l'ora esatta (ad esempio i Rolex hanno una carica di 2 giorni circa, se non vengono indossati, dopo di che vanno ricaricati manualmente e impostata l'ora).

3. No a bracciali di qualsiasi genere: dalla mia esperienza, creano solo confusione e un impatto non ottimale con il cliente.

4. Come per i pantaloni, anche nelle tasche della giacca (anche interne) non mettere nulla che possa sporgere e/o dare fastidio.

5. Ricorda di tenere con te sempre i tuoi biglietti da visita pronti per ogni evenienza (quando si cambia abito capita di dimenticarli).

Per concludere, imprimiti bene a fuoco nella mente queste parole: i punti fondamentali sono la *pulizia* e lo stato del nostro *vestiario*, che deve essere, non mi stancherò mai di ripeterlo, **sempre impeccabile**.

10. Le distanze della comunicazione

Eccoci al penultimo capitolo del nostro viaggio sul fare una fantastica prima impressione. Parleremo dell'importanza della distanza nei confronti del nostro interlocutore. Saperla padroneggiare al meglio è un aspetto che ti permetterà di essere più preciso e attento nei confronti del tuo cliente, capendo in modo appropriato gli spazi consentiti. Sono certo che troverai queste informazioni molto utili e interessanti.

Si chiama aspetto prossemico della comunicazione e analizza i messaggi indiretti che si mandano con l'occupazione di un determinato spazio fisico tra una e più persone. L'uomo inconsciamente struttura su di sé dei microspazi dove ognuna di esse ha un determinato significato. A volte può sembrare che il disporsi di una persona sia del tutto casuale, e apparentemente può sembrare così, ma in realtà ci sono delle regole ben precise da sapere.

Nell'uomo è intrinseco un concetto di "territorio" simile a quello degli animali. In natura conosciamo benissimo la storia del leone e della gazzella, il leone è il predatore e la gazzella è la preda.

Quando il leone vede la sua preda, si inizia ad avvicinare e la gazzella gli permette di avvicinarsi fino a una determinata distanza "di sicurezza" oltre la quale inizia la sua fuga.

Per l'uomo il meccanismo è più o meno lo stesso, dove si ha uno spazio di fuga (spazio utile per far sì che la preda scappi) e uno spazio di attacco (più ravvicinato che non permette la fuga ma si attiva il contrattacco), ma l'uomo non è un animale e quando si sente "minacciato" molto difficilmente attacca, di solito si limita a sperimentare uno stato di ansia e disagio.

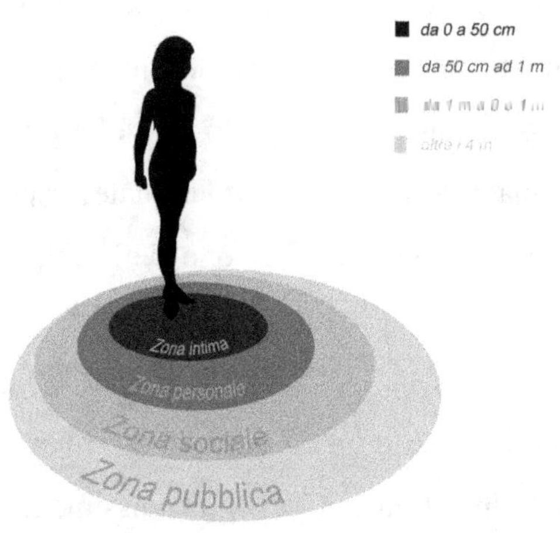

Lo spazio che ci circonda viene suddiviso in 4 zone principali:

- Zona intima (da 0 a 50 cm): solo per familiari stretti e partner.

- Zona personale (da 50 cm ad 1 m): familiari e conoscenti.

- Zona sociale (da 1-3/4 m): colleghi, clienti, incontri formali.

- Zona pubblica (oltre i 4 m): si percepiscono le persone nell'ambiente.

La Zona intima ci permette di sentire l'odore dell'altra persona, si ha contatto fisico ed è una zona dedicata solo a pochi eletti. Nella Zona personale si può avere facilmente contatto fisico ma non si sente l'odore dell'altra persona (tipico nei rapporti di amicizia). La Zona sociale caratterizza tutti i rapporti formali ed è a distanza di una stretta di mano. Nella Zona pubblica riconosciamo le persone nel nostro ambiente; tendenzialmente catturano l'attenzione eventuali personaggi famosi o persone importanti.

Nota. Cosa succede quando si entra in una zona che non è consentita? Ti rispondo con degli esempi. Quando sei in ascensore con qualcuno che non conosci, come ti senti? E quando sei sulla metropolitana piena di gente? Quando sei su un aereo e hai il posto accanto a te libero, non desideri che nessuno ci si sieda?

Quando questo succede, fai caso al tuo corpo: tendenzialmente chi più chi meno si irrigidisce e sente un senso di ansia e disagio. Questo è dovuto al fatto che delle persone stanno violando uno spazio non consentito che per natura (cervello rettile) si tende a proteggere istintivamente.

Interessante, non trovi? Quindi, quando sei davanti a un cliente, cerca di regolare le distanze in base a chi hai davanti per non portarlo in uno stato sbagliato, ma ricorda che deve soltanto rilassarsi, e questo aspetto non puoi trascurarlo per il suo benessere psichico.

11. Lessico per i clienti Luxury

Ultima tappa di questo nostro, entusiasmante viaggio alla scoperta di come fare una fantastica prima impressione. In questo ultimo atto, analizzeremo il lessico da utilizzare quando parliamo ai nostri clienti, per evitare quegli errori che inconsciamente commettiamo.

Caro lettore, siamo già all'ultima parte di questo viaggio e, guardandomi indietro, devo dire che è stato davvero un bel viaggio, non trovi?

Ecco cosa abbiamo imparato:

1. Dare il benvenuto.

2. Cura personale.

3. Postura & body language.

4. Professionalità.

5. Primo approccio con cliente Luxury.

6. Accompagnare e dare indicazioni.

7. Eye contact.

8. Il sorriso.

9. Uniforme.

10. Le distanze della comunicazione.

Come ultimo argomento, ho deciso di parlarti dell'importanza del lessico mentre si interloquisce con un cliente, un collaboratore, un collega, ed è applicabile in qualsiasi contesto. Prova a pensare: quante volte ti è capitato di incontrare una persona che si mangia le parole? Quante volte ti è capitato di palare con una persona che parla in dialetto e capisci poco o nulla di quello che dice? Quante volte ti trovi a parlare con colleghi o clienti che dicono concetti senza capo né coda? Brutto, vero? Già, *orribile.*

Per quanto paradossale possa sembrare, non è semplice avere un lessico adeguato e bisogna mettersi in testa che, per avere delle ottime performance, non dobbiamo accontentarci di noi stessi, ma dobbiamo puntare a migliorarci continuamente (questo punto vale anche per me, che cerco di migliorare come stai facendo tu, giorno dopo giorno).

Nel caso in cui il tuo lessico sia di ottimo livello, questo può essere un buon ripasso, in caso contrario c'è da applicarsi e non poco. Andiamo ad analizzare i 5 errori che l'87,9% delle persone commette più comunemente:

- Il dialetto è da eliminare: non stai parlando con tuo fratello o con il tuo migliore amico; il cliente va rispettato.

- Completare *sempre* le frasi e non lasciarle a metà (ad esempio, se chiediamo l'età della figlia bambina di un cliente diremo: «Qual è l'età di sua figlia?» e non «Quanti anni ha?» magari indicandola).

- Le parolacce sono *proibite* (sembra una cosa *ovvia* e *scontata*, ma non hai idea di quanto spesso il nostro normale intercalare compaia nei nostri discorsi).

- Non fare confusione tra congiuntivo e condizionale.

- Pronuncia correttamente le doppie.

So cosa stai pensando: «Ma io sto leggendo per farmi dire queste cose che sapevo già?» *Fidati*. Sembrano *semplici* aspetti che spesso diamo per scontati, ma a volte commettiamo errori in modo naturale senza che ce ne accorgiamo e roviniamo la comunicazione in modo a dir poco *devastante*.

Ti starai chiedendo: «Cosa posso fare per migliorare? Per rendermi più consapevole di questi errori?» Ti indico quelle che, secondo me, sono le cose da fare che porteranno più risultati e che sto applicando ogni giorno anch'io per essere sempre più performante:

- Fare una continua autovalutazione.
- Fare un corso di dizione
- (ci sono molte accademie della voce e molti professionisti che offrono corsi per aiutare a migliorare questo aspetto e se vuoi ti posso consigliare alcune realtà molto valide).
- Per chi parla in dialetto, all'inizio sembrerà strano parlare in italiano, ma devi abituarti, quindi sforzati e parla in modo corretto la maggior parte del tempo possibile, anche se i tuoi amici potrebbero prenderti in giro.

Il lessico è un aspetto molto importante e ti consiglio vivamente di seguire quanto letto, perché sono fattori determinanti per fare un grande salto di qualità. Il cliente apprezzerà tutto questo e, anche se è lui a parlare in dialetto, resta sempre compassato.

Nel caso in cui volessi entrare in relazione con il cliente, puoi dirgli che anche tu sei dello stesso posto, e magari scambiare qualche parola in dialetto (comunque contestualizzata), ma poi devi riprendere un tono professionale e decoroso. Non farti prendere la mano, superare i limiti, in certi casi, è molto facile.

Bene, siamo alla conclusione di questo viaggio e sono certo che avrai trovato degli spunti interessanti sui quali lavorare per migliorare la tua performance e per avere un impatto molto positivo nei confronti dei clienti Luxury.

Gli 11 punti sono uno degli strumenti più importanti che utilizzo con i clienti che incontro e ho incontrato in questi anni. Fanne buon uso e non dimenticarti mai di dare sempre il tuo meglio e di migliorarti costantemente.

I 3 pilastri per un servizio a 5 stelle

Cosa differenzia un servizio scadente da un servizio di eccellenza? Potrai pensare che sia il prodotto, che è unico, oppure una location mozzafiato, e sì, probabilmente hai ragione, ma qui parliamo di fare la differenza con il cliente. Ecco per te i 3 pilastri per un servizio a 5 stelle; applicandoli, il risultato è assicurato.

Il sorriso

Definizione di sorriso (da *Wikipedia*): «Il sorriso si produce stirando la bocca, inarcando le labbra ed eventualmente mostrando i denti per un tempo prolungato Nonostante ci si riferisca propriamente al sorriso pensando alla sola bocca, l'espressione coinvolge anche gli occhi. La carica espressiva e comunicativa del sorriso deve proprio allo sguardo la sua profondità. Un sorriso sincero e istintivo stira le labbra di netto e rende più vivace e profondo lo sguardo».

Sembra una cosa banale, ma non è così. Oggi, con l'aiuto e il supporto della tecnologia, le persone si stanno sempre più allontanando. Considerando che per chi fornisce un servizio di alto valore al cliente il fattore umano è fondamentale, un sorriso fa sentire il cliente a suo agio e in mani sicure.

Il *sorriso* ci permette di entrare in rapporto con il cliente ed evitare molti problemi che stanno alla base della mentalità del "VIP Client". Quindi impara a sfoggiare il tuo miglior sorriso e ricorda che si sorride con il cuore, non con la faccia (il Top Client sa riconoscerlo perfettamente). Ma cosa significa sorridere con il cuore?

Te lo spiego subito. Il sorriso di cuore è quel sorriso che fai quando rincontri il tuo migliore amico dopo tanto tempo, o quando incroci lo sguardo di un bambino che ti sorride, ti riempie di gioia e anche tu contraccambi il suo sorriso con il tuo. Sorridere con il cuore vuol dire sorridere con tutta la tua energia e il tuo corpo.

Quante volte ti è capitato di vedere delle persone al servizio dei clienti che fanno dei sorrisi forzati, o addirittura non li fanno proprio? Brutto vero?

Invece, come ti senti quando qualcuno che deve servirti ti sorride con gioia, magari è anche molto indaffarato, ma trova quel mezzo secondo per guardarti e sorriderti sinceramente, come se fosse lì per coccolarti, come se ti facesse capire quanto ci tiene a te e che vuole assolutamente aiutarti. È tutta un'altra storia, non è così?

E non potrebbe essere altrimenti. Il sorriso permette di abbassare barriere e preconcetti, anche malumori, e ci permette di dare una percezione di alto valore e servizio. Te lo confermo, non è sempre semplice, soprattutto con mole e ritmo di lavoro elevati, ma, se vuoi essere un professionista, sono questi i momenti in cui devi fare la differenza.

Bene, capisci quanto sia importante solo questo semplicissimo aspetto? Sono certo di sì, quindi impara a valorizzarlo e fanne un'arma a tuo vantaggio. Il sorriso è la porta che può portarti dritto al cuore del cliente facendo breccia dentro di lui. I tecnicismi di un lavoro si imparano facilmente e tutti possono farlo, il sorriso è il plus che il cliente deve ricevere per poter definire un servizio come un servizio di lusso.

Quello che posso consigliarti è:
- Non abbassare la guardia durante l'arco del servizio che devi fornire al cliente.

- Mantieni uno stato mentale rilassato (se uno è agitato, si vede subito).

- Non permettere ai colleghi di rovinare il tuo stato, si riflette sui clienti.

- Impara a gioire anche tu quando sorridi e vedrai che diventerà sempre più semplice regalare un sorriso di cuore a tutti (anche ai colleghi).

- Impara a lasciare i problemi personali fuori dal contesto lavorativo.

Nota. Sorriso vero *vs* sorriso falso. Ecco da cosa si riconosce un sorriso sincero. Si attiva il muscolo zigomatico che tira gli angoli della bocca e il muscolo orbicularis. Questo muscolo è il responsabile delle "zampe di gallina" che abbiamo vicino agli occhi e fa abbassare leggermente le sopracciglia, ma la particolarità è che questo muscolo difficilmente obbedisce alla volontà, quindi è discriminante per distinguere un sorriso vero da uno falso.

Infine, il sorriso falso dura poco tempo, mentre quello sincero ha un tempo di reazione per manifestarsi molto più rapido e impiega più tempo a scomparire. Il sorriso è il primo pilastro da considerare per impattare sul nostro cliente in maniera estremamente positiva. Fanne un uso appropriato e vincente!

Saper ascoltare (e non sentire)

La differenza tra sentire e ascoltare è una linea sottile che troppo spesso viene confusa. Tu sai qual è la differenza? Vediamo di fare un po' di chiarezza capendo quale sia questa linea sottile.

Sentire è un verbo che indica quando si prova, o si avverte, una qualche sensazione fisica (si può sentire con l'udito, ma anche con il tatto, l'olfatto e con tutto il corpo). Ascoltare è un verbo che indica quando una persona presta la propria attenzione in qualche forma di comunicazione.

Bene, capita la differenza, vediamo come poter sfruttare al meglio tutto questo. Se impariamo ad ascoltare, entriamo in empatia con il cliente e riusciremo a capire i suoi bisogni in modo reale e rendere la sua esperienza indimenticabile, utilizzando i dettagli che vengono ascoltati. Ascoltare è fondamentale per avere tantissime frecce al proprio arco, da poter utilizzare per impressionare il nostro cliente. Sì, ma quali sono le cose che dobbiamo imparare ad ascoltare?

Beh, sono molteplici, ed ecco quali sono i miei 3 consigli:

1. Fai attenzione ai dettagli nella comunicazione, cerca di carpire cosa per lui/lei è importante e utilizza le informazioni a tuo vantaggio per stupire; un compleanno, un anniversario, una sorpresa sono tutte occasioni per poter fare la differenza.

2. Se abbiamo a che fare con clienti stranieri, cerchiamo di capire l'accento e, se possibile, di parlare nella loro lingua madre, e comunque mettiamoli a proprio agio.

3. Facciamo tutte le domande che ci possano servire ad avere le informazioni giuste per capire i dettagli di ciò che vuole e le motivazioni.

Infatti, quando si parla con un cliente in modo colloquiale, discorrendo del più e del meno, si capiscono tante cose. Alle persone piace parlare e, se impariamo l'arte di ascoltare, caricheremo il nostro arco con molte frecce da scagliare.

Quindi ti consiglio vivamente di parlare sempre con il tuo cliente e di farlo parlare il più possibile, anche chiedendogli le cose più semplici come: «Cosa fa nella vita?» «Cosa l'ha portata da noi?» Anche un semplicissimo «Come posso aiutarla?» potrebbe risultare molto efficace. Non avere paura di parlare con il cliente, è la linfa del rapporto, la chiave per poter aprire tutte le porte.

Alla fine è sempre il cliente che, in modo diretto o indiretto, ci indica come soddisfare e superare le sue aspettative. Facciamo in modo che, ascoltando in modo attivo, siamo in grado di carpire tutti quei dettagli che ci servono per usarli a nostro vantaggio e per la piena soddisfazione del cliente.

Agire con forza

Una volta capito ciò di cui il nostro cliente ha bisogno, dobbiamo passare all'*azione*. I dilettanti la percepiscono come l'ennesima cosa da fare e/o richiesta più o meno facile da soddisfare. I professionisti capiscono l'enorme opportunità che c'è in ogni richiesta particolare che un cliente può fare.

Quindi ti chiedo: vuoi essere un professionista oppure un inutile dilettante? Non avevo dubbi! Allora dobbiamo capire che bisogna fare le cose da professionisti. Approcciarsi con la giusta mentalità farà in modo che l'energia che metti nelle azioni per soddisfare il tuo cliente, crei la magia che gli farà percepire che sei nel qui e ora *per lui*.

Sì, a volte ci chiede la Luna, a volte la richiesta è quasi impossibile, ma comunque il segreto è agire con precisione, rapidità e voglia di stupire. Cosa intendo dire con "agire con forza"? Intendo il compiere tutte quelle azioni che possono servire a stupire un cliente, azioni come la ricerca di un prodotto specifico, un consiglio che lo possa aiutare, o compiere delle azioni concrete restando concentrati sul cliente facendo sì che la sua esperienza sia la migliore possibile, senza margini di insoddisfazione.

Agire con forza vuol dire essere concentrati sul soddisfare, risolvere e superare le aspettative di un cliente. Agire con forza vuol dire fare in modo che le nostre azioni, direzionate in modo giusto e intelligente, ci permettano di trovare quelle soluzioni che vogliamo creare per il cliente.

All'inizio può sembrare complicato, e non è sempre semplice, soprattutto quando ci sono giornate molto intense. Per questo motivo ti consiglio di imparare a capire quando è il momento di dare il meglio e farlo in modo concreto, dinamico e con *energia*. Ricorda, più è difficile la richiesta e più possibilità avrai di poter avere un cliente importante che sarà per sempre fidelizzato, pronto a tornare da te in ogni momento, dando valore al tuo operato e ricompensandoti a dovere e senza lamentarsi. Anzi, vedrai che ti ringrazierà a dovere.

L'energia, per definizione, muove il mondo, ed è ciò che permette l'evoluzione e la crescita. L'energia è ciò che ci serve per agire e dall'altra parte viene percepita come aiuto, competenza e servizio di alta qualità.

Forse non sai che l'essere umano è in grado di percepire l'energia che un altro essere umano sviluppa, e la apprezza naturalmente se è associata agli altri 2 pilastri del servizio 5 stelle (sorriso e saper ascoltare).

Quindi, la parola d'ordine, per soddisfare i nostri clienti, è sorridere, ascoltare e agire con forza, ed è così che iniziamo a creare la magia del servizio di lusso che non è altro che l'insieme di tante piccole azioni fatte nel modo giusto e al momento giusto. Come avrai intuito, i 3 pilastri del servizio 5 stelle, per poter lavorare in modo appropriato, devono essere in sintonia tra loro e far sì che l'esperienza del cliente sia ottimale e di altissimo valore.

Le linee guida da seguire per far sì che tu sia sempre ai massimi livelli in sintonia con i 3 pilastri di un servizio a 5 stelle sono:

- Riposo: cerca di dormire almeno 6/8 ore a notte.

- Meditazione: fai meditazione anche solo 10 minuti la mattina.

- Respirazione: impara le tecniche di respirazione rilassante ed energizzante, sono incredibili.

- Alimentazione: dieta equilibrata e sana.

- Attività fisica: aiuta a mantenere il corpo attivo, resistente e vigile e aiuta il buon umore.

- Impara a gestire la tua vita privata in modo che interferisca il meno possibile con le tue prestazioni.

- Impara ad ascoltare l'interlocutore senza interrompere e sii attento alle sue parole.

Bene, ora che siamo a conoscenza di queste importanti basi, andiamo a scoprire nel prossimo paragrafo i 3 principi del servizio di lusso. Ci sarà davvero da divertirsi.

I 3 principi del Luxury Service (ciò che i clienti si aspettano, e non osano dire)

I servizi di lusso si distinguono per la loro unicità, unicità creata grazie alle persone che rendono l'esperienza del lusso qualcosa di davvero unico. Tutti i clienti hanno delle aspettative e nel lusso queste aspettative, come già detto, hanno un livello molto alto. Ecco i 3 principi del Luxury Service che il cliente si aspetta, ma che non osa chiedere.

Il contatto visivo (eye contact)

Quando parliamo con i clienti, dobbiamo mantenere un contatto visivo costante, delicato e soprattutto sincero. Quante volte ci capita di parlare con qualcuno che non ci guarda oppure che è impegnato con il cellulare? In questo caso stiamo dicendo alla persona che stiamo aiutando (che in quel momento è la persona più importante che ci sia) che non siamo interessati a quello che ha da dirci.

Il contatto visivo è ciò che crea empatia con il cliente, che lo fa sentire in mani sicure e che gli comunica che la sua richiesta è accolta nel migliore dei modi e gestita con cura. Gli occhi, come ben sappiamo, dicono più di quanto possiamo immaginare, quindi fai in modo di guardare sempre il tuo cliente in maniera da avere un eye contact positivo durante tutta la conversazione.

Sì, hai capito bene, un eye contact positivo. Perché, come saprai, gli occhi sono lo specchio dell'anima e, se il nostro sguardo è spento, il cliente se ne accorge, se il nostro sguardo è distratto, il cliente se ne accorge, se lo sguardo è assonnato, il cliente se ne accorge.

Ora, se il nostro sguardo è pieno di energia, voglia e determinazione, i clienti lo vedono, e questo si "sente". Quando ti vedranno, saranno attratti da te perché intuiranno che sei la persona giusta, quella che li può aiutare o risolvere un problema, perché sei presente e attento, e senza proferire parola il tuo sguardo, i tuoi occhi parleranno per te, e il cliente ne sarà attratto senza nemmeno sapere bene il motivo.

Sembrerà strano ma, una volta capita questa semplice cosa, avrai la possibilità di attrarre più clienti, e quindi avere più possibilità di migliorare e accontentare i tuoi clienti.

Nel caso in cui fossimo in una conversazione 1 a 1, naturalmente lo sguardo va rivolto all'interlocutore di turno, facendo in modo di non guardarlo in modo forzato o di metterlo in soggezione. Restiamo calmi rilassati e aiutiamo il cliente, nulla di più facile.

Se la conversazione dovesse essere con due o più persone, ricorda sempre che, mentre si parla, bisogna interfacciarsi con lo sguardo con tutte le persone che si hanno davanti in quel momento non escludendo nessuno, nemmeno i bambini.

Un trucco da utilizzare. Nel caso ci fossero altri clienti in fila, mentre serviamo il nostro cliente, ricorda di riconoscerli con lo sguardo, anche facendo loro un piccolo cenno di accondiscendenza, come per dire «sono impegnato con un altro cliente in questo momento ma, appena mi libero, sarò pronto ad aiutarti». Questa piccola accortezza ti permette di non far arrabbiare il cliente o farlo spazientire nei tuoi confronti ma, anzi, la maggior parte delle volte finirà per addossare la colpa ai clienti precedenti. Se non applicherai questo piccolo trucco, stai pur certo che il cliente si infastidirà, magari andrà via senza essere servito e parlerà male del personale, dicendo che non sa fare il suo lavoro e che nessuno lo ha considerato.

Se il cliente dovesse trattenerti a lungo, ripeti per un massimo di 3 volte, dopo di che dovrai applicare altre tecniche per far sì che il cliente non sia perso per sempre. Naturalmente, se possibile, chiedi aiuto a un collega per smaltire l'eventuale fila.

Nota. Non dimenticare che i nostri occhi ci aiutano anche per un'altra cosa importantissima: *il sorriso*. Quando si sorride, lo si fa soprattutto con gli occhi (alcuni dicono "sorridere di cuore"), quindi tieni a mente questa cosa per sfruttarla a tuo vantaggio. Vedi, il contatto visivo è il primo gancio che attrae il cliente verso di noi, oppure lo respinge se, ad esempio, non lo guardiamo o abbiamo lo sguardo spento.

Ti faccio un esempio. Quando vai a fare acquisti in un negozio e vedi i commessi che non ti guardano, oppure che ci sono due o tre persone dello staff vicine di cui una non ti guarda, una ha lo sguardo spento e l'altra ti rivolge uno sguardo pronto ad aiutarti: tu da chi vai?

Capisci la potenza di questa cosa? Tu hai la capacità di attrarre i clienti a te, e comunque di fare un'enorme differenza su tutta la massa lì fuori che prova a lavorare in modo produttivo, ma trascura questi fondamentali. Questo ti permette di avere un'enorme influenza positiva sul cliente che, "ammaliato" dal tuo sguardo, ti darà maggiore ascolto e si sentirà più al sicuro, certo di aver trovato una persona competente nel soddisfare le sue esigenze.

Tono e velocità della voce

Può sembra banale, o un dettaglio trascurabile, ma è uno dei più grandi errori che si fanno e che tutti i professionisti (con molta esperienza) conoscono. Se è un aspetto al quale fai caso, è un ottimo punto di partenza e devi sapere che ci sono molte tecniche per scaldare, esercitare e migliorare la voce.

Nel caso in cui tu non abbia mai fatto caso a questo fattore importante, allora l'autoanalisi è una costante che devi attivare per verificare se le persone capiscono la totalità del tuo discorso e/o se vieni percepito come un professionista.

Sì, hai capito bene, tramite la voce e il tono possiamo far capire al cliente se di fronte a lui c'è un professionista oppure una persona non competente. Questo non è un fatto legato all'età, ma esclusivamente al modo di comunicare con il cliente attraverso la propria voce.

È un fatto innegabile che una voce ben impostata e con la giusta cadenza trasmette a chiunque più sicurezza e autorevolezza. Naturalmente ognuno di noi nasce con una certa tonalità di voce, ma possiamo plasmarla e sfruttarla a nostro vantaggio lavorandoci sopra e trasformandoci in eccellenti comunicatori.

Attenzione. Come sai, non sono un esperto di PNL, sicuramente una materia che, se applicata nel modo giusto, è di grosso aiuto. I miei consigli sono basati semplicemente sull'esperienza diretta fatta sul campo, un'esperienza maturata in quasi 20 anni di contatto diretto con i clienti Luxury e che mi permette di fare la differenza ogni giorno. E questa differenza la puoi fare anche *tu*.

La voce
È il nostro strumento per comunicare e spiegare i dettagli di tutto

ciò che c'è da sapere ai nostri clienti, perciò usiamola in modo produttivo. Devi sapere che articolare bene le parole ti permette di non dover alzare la voce per farti capire in modo chiaro e preciso.

Forse non sai che la voce ha uno stretto legame con la parte emotiva. Mi spiego meglio: a ogni variazione a livello emotivo, la nostra voce reagisce di conseguenza, ecco perché riusciamo a capire se una persona ha paura, è felice oppure preoccupata, soltanto dal tono della voce. La credibilità delle nostre parole è dovuta a quanto crediamo in ciò che stiamo dicendo, e la voce non è che un semplice mezzo che trasforma ciò che diciamo in emozioni.

I fattori fondamentali per una voce efficace e carismatica sono:
- Respirazione diaframmatica.
- Dinamismo nel discorso.
- Eliminare l'ansia mentre si parla.

Una voce potente è data da un'espirazione continua e controllata. Certo, è una pratica che, se non conosciuta, necessita di essere studiata, provata e assimilata, ma stai pur certo che i risultati non tarderanno ad arrivare. Altra nota importante della voce è dare importanza alle consonanti, che catturano l'attenzione dell'interlocutore e sottolineano la potenza delle nostre parole. Come detto, la voce esterna la nostra emozione ed emozionare è il primo fattore che fa muovere le persone in qualsiasi ambito. Perché non dovresti sfruttare questa potente risorsa che hai a tua disposizione?

Il tono

Devi sapere che i fattori principali di una comunicazione affascinante e carismatica sono sicuramente:

- Il sorriso (sempre presente).
- Il tono di voce basso.
- Una dizione pulita e corretta.

Il tono deve essere adeguato al contesto che ci circonda per farci capire senza esagerare: né avere un tono troppo alto (mettiamo paura al cliente), né parlare a bassa voce (non ci facciamo sentire). Cerchiamo sempre di capire in che tipo di ambiente sonoro siamo (posti affollati o non affollati) e tariamo la nostra tonalità che dovrà trasmettere le seguenti sensazioni:

- Benessere.
- Comprensione.
- Relax.

I clienti che ci ascoltano vivono l'esperienza anche in questo dettaglio e naturalmente dobbiamo essere certi che capiscano quello che stiamo dicendo.

Se un cliente non riesce a capire ciò che stai dicendo, si altera la sua esperienza con l'interlocutore e quindi diventa più incline a lamentele, a infastidirsi e a considerarti poco competente.

Per fare un esempio, se ti trovassi a una cena di gala con tantissime persone e dovessi comunicare con un cliente importante, viene da sé che il brusio di sottofondo – più l'eventuale musica – renderebbe la comunicazione più complessa, e quindi la tonalità di voce dovrebbe essere sicuramente più alta rispetto a quella che useresti in ambienti più silenziosi dove puoi usare una tonalità più bassa, sufficiente a farti capire in modo chiaro e preciso.

Il tono di voce è fatto di vibrazioni che creano delle sensazioni positive o negative in chi ci sta ascoltando, permettendoci di farci percepire, sin dalle prime parole, come persone competenti, professionali e di carattere.

Trucco n. 1 – Questo piccolo trucco è molto semplice e in realtà si tratta di un semplice esercizio di osservazione. Ognuno di noi ha delle micro-espressioni facciali e interpretarle ci permette di capire se effettivamente il cliente sta capendo quello che stiamo dicendo. Se il suo sguardo è rivolto verso di noi, distinguiamo in base al fatto che abbia uno sguardo attento (ci sta capendo), oppure uno sguardo interrogativo (non sta capendo al 100%).

Trucco n. 2 – Per questo trucco ci vogliono un po' più di pratica ed esperienza, ma non troppe. Applicando il trucco n. 1, dopo un po' di tentativi, in base a quello che dobbiamo comunicare, prestiamo attenzione alle cose che funzionano. Cosa voglio dire? Prestiamo attenzione al tono che funziona per la maggior parte dei clienti con cui parliamo (almeno l'85-90%) e da quel momento lo utilizzeremo nella maggior parte delle situazioni. Lavorare su questo aspetto è importante per i motivi sopra elencati, non solo nella vita lavorativa ma anche in quella privata; esercitandoti, vedrai che i risultati saranno evidenti.

Il ritmo

Il ritmo è un aspetto che sempre più spesso viene sottovalutato oppure non considerato affatto, ed è un gravissimo errore di cui ora ti spiego il motivo. La voce va allenata e studiata per far sì che sia a un ritmo ben definito e cadenzato.

Parlare troppo velocemente o troppo lentamente ci fa sembrare agitati o degli stupidi. Di solito consiglio di provare parlando con varie velocità, dalla più veloce alla più lenta, e scegliere una via di mezzo tendente al lento.

Ad esempio, in una scala da 1 a 10, dove 1 è lentissimo e 10 velocissimo, direi di tenersi sul 4 o 4,5. Il ritmo deve essere scandito dalle pause, con velocità media e facendo in modo che si capiscano tutte le parole che stiamo dicendo.

Quello che devi fare è metterti davanti allo specchio e provare degli scenari tipo (quelli che ti capitano più spesso) trovando il ritmo di comunicazione che funziona con la maggior parte dei clienti (qui la percentuale si alza al 90% dei clienti che devono capirti senza problemi).

Ricorda di eliminare tutte quelle pause sonore che creiamo (tipo "ehm", "eee", "mmh") e, quando finisci una frase, non rimanere attaccato all'ultima vocale. Impara anche a gestire il silenzio: meglio fermarsi e non dire nulla che riempirlo di suoni inutili (confonde solo il cliente). Infine, per i concetti più importanti da comunicare, rallenta ancora un po' e dai il tempo di percepire quello che stai dicendo in modo chiaro, rimarcando le parole chiave.

Un esempio: «Quello che voglio dirti è questo [pausa]. Oggi [pausa] hai una grande possibilità [pausa] quella di poter avere un qualcosa di unico [pausa]. Ti voglio offrire (la tua offerta/suggerimento) [pausa]».

Trucco n. 1 – Quando usiamo le pause, queste devono durare tra 1,5 e 3 secondi, in modo che la comunicazione passi in modo più incisivo.

Trucco n. 2 – Quando facciamo un discorso articolato, prendiamo una pausa più lunga e aspettiamo un cenno dal cliente. Dopo di che possiamo anche continuare con il discorso; di solito tra i 2 e i 4,5 secondi abbiamo un riscontro (cenni e/o affermazioni verbali o non verbali) da parte del cliente.

Magari può sembrare difficile, all'inizio, ma è come andare in bicicletta: una volta imparato, non si dimentica. Forse qualche volta cadremo, ma fa parte dell'apprendimento; l'importante è rialzarsi e perfezionarsi sempre.

Se stiamo facendo un buon lavoro ne avremo conferma dalle risposte dei clienti: se per loro è tutto chiaro, stiamo sicuramente facendo un buon lavoro; in caso contrario, dovremo aggiustare qualcosa. Immagino che penserai che non tutti i clienti sono uguali e hai perfettamente ragione: è per questo che ti consiglio di verificare sempre la risposta di chi hai di fronte, perché, una volta fatta esperienza con un certo numero di clienti, possiamo iniziare a capire se stiamo comunicando al ritmo giusto oppure no.

Naturalmente dobbiamo affidarci alla maggioranza dei casi. Mi spiego meglio. Se per esempio in una giornata comunico con 100 clienti, e il 97% di loro capisce tutto, allora sto facendo un buon lavoro. Al di sotto del 90% dei casi, sicuramente abbiamo dei dettagli da ottimizzare e migliorare.

Per fare questo possiamo fare delle prove per verificare quale sia effettivamente il modo migliore per comunicare rendendo la vita semplice a chi ci sta ascoltando. Perché, ricorda, se la persona con la quale stiamo parlando non ci capisce, non è lei che non percepisce il messaggio, siamo noi che lo inviamo nel modo errato.

Body language (il corpo ci parla)

Che cos'è realmente il linguaggio del corpo? Sono certo che avrai sicuramente sentito questa parola almeno una volta nella tua vita e che tu ne conosca il significato e il senso. Nel caso in cui non lo sapessi, il linguaggio del corpo è legato alla comunicazione non verbale.

Il nostro corpo può comunicare più di quanto possiamo immaginare ed esprime al mondo esterno il messaggio che vogliamo lanciare. Nell'ambito del lusso si può riassumere nelle seguenti peculiarità:

- postura;
- cura della persona;
- vestiario;
- portamento;
- gestualità;
- mimica.

Tutto questo permette a chiunque di avere un profilo del tipo di persona che si ha davanti, sicura o timida, introversa o estroversa, di carattere o senza carattere e così via. Il corpo ci invia moltissimi segnali che, se compresi, danno un enorme vantaggio competitivo perché riusciamo a profilare una persona in modo rapido e preciso. Inoltre riusciamo a capire se una persona è:

- stressata;
- felice;
- stanca;
- annoiata;
- ecc.

Naturalmente ricorda che tutto questo vale anche per te. Considera che il cliente, come te, nota i dettagli sul tuo linguaggio del corpo, quindi cerca di essere sempre al tuo meglio per evitare pregiudizi a tuo svantaggio. Il consiglio che ti do, per quanto riguarda la valutazione del linguaggio del corpo del tuo cliente, è quello di rimanere il più neutrale possibile.

Perché dico questo? Perché al giorno d'oggi i clienti Luxury sono quelli che possono ostentare ricchezza con automobili, orologi, gioielli di lusso o abiti firmati, quindi sono facilmente riconoscibili e da inquadrare in uno schema logico di ricchezza.

Poi ci sono i clienti Luxury che non ostentano ricchezza e si vestono in modo molto semplice, senza avere oggetti e accessori che ci facciano pensare il contrario. Ecco, sottovalutare questi clienti potrebbe essere un grave errore, perché probabilmente potrebbero avere più potere di acquisto di chiunque altro.

Guarda le immagini qui di seguito, rappresentano la stessa persona ma con abiti diversi e aspetto diverso; verifica in prima persona quanto sia facile e immediato creare dei pregiudizi.

Quindi ti consiglio di notare tutti i messaggi del corpo e capire la personalità del cliente, senza però farti influenzare da preconcetti o dagli altri fattori. Resta sempre in un ambito neutro e tratta tutti allo stesso modo e vedrai che non potrai sbagliare o, peggio, fare brutte figure.

Ora passiamo a ciò che dobbiamo assolutamente imparare a fare quando siamo a contatto con clienti Luxury. Quello che dobbiamo fare è tanto semplice quanto articolato: dobbiamo cercare di essere sempre pronti, freschi e reattivi.

Difficile? Dipende da te. Mi spiego meglio. Quando sei con il tuo cliente, devi saper dare il tuo meglio, perché è la tua occasione per fare la differenza. Guarda il cliente come se fosse la tua possibilità di migliorare, di imparare e di stupire; datti un obiettivo per far sì che tu abbia una motivazione a dare il meglio di te a ogni singola occasione.

La motivazione è la chiave della tua capacità di dare energia a ogni singolo cliente. Avendo la motivazione giusta, il tuo corpo reagirà per far sì che l'obiettivo venga raggiunto. Così facendo, saremo noi a condurre il gioco essendo proattivi, pronti ad aiutare e a trovare soluzioni in modo rapido ed efficace. Ricorda che apparire svogliati o annoiati porta solo alla critica (giusta) da parte del cliente.

Il nostro corpo comunica molto più di quanto la nostra bocca possa fare, infatti è risaputo che la comunicazione non verbale è pari al 92,5%. Quindi concentriamoci sul dare il nostro meglio ai clienti che vogliono il meglio da noi.

Consigli utili. Le linee guida da seguire per essere sempre ai massimi livelli ed esprimere al meglio i 3 principi del Luxury service sono:

- Riposo: cerca di dormire almeno 6/8 ore a notte.
- Meditazione: fai meditazione anche solo 10 minuti la mattina o la sera.
- Respirazione: impara le tecniche di respirazione rilassante ed energizzante, sono incredibili.
- Alimentazione: dieta equilibrata e sana.
- Attività fisica: aiuta a mantenere il corpo attivo, resistente, vigile e aiuta il buon umore.
- La voce: allenala e falle esprimere il suo massimo potenziale.

Bene, capiti i dettagli dei 3 principi del Luxury service si capisce che i clienti non ci diranno mai queste cose ma, consciamente o inconsciamente, sono competenze che si aspettano da noi, sicuramente se le aspettano i clienti più esigenti.

PME (Punti di massima espressione)

I PME, o punti di massima espressione, sono, in parole semplici, quei dettagli che permettono di notare in modo chiaro chi abbiamo di fronte e di adeguare il nostro comportamento e la comunicazione in base ai dettagli che il cliente ci fornisce in modo diretto o indiretto.

Come già spiegato le persone hanno 7 secondi per fare una buona o una cattiva impressione quando entrano in comunicazione con qualcun altro, e non sono io a dirlo, ma tantissimi studi fatti da molti rinomati esperti di PNL. Ora, così come una persona può fare una buona o cattiva impressione in un lasso così breve di tempo, anche tu puoi capire in 5 secondi che tipo di persona hai davanti. Naturalmente se sai dove guardare e i dettagli fondamentali a cui fare caso.

È qui che entrano in gioco i PME, ma andiamo un pochino nel

dettaglio e cerchiamo di capire di cosa stiamo parlando. Prima di tutto dobbiamo classificare i PME in modo da poter capire quali aspetti toccare.

Cose da notare in un cliente al primo impatto PME:

- Viso e micro-espressioni.

- Respirazione (guarda le clavicole).

- Vestiario.

- Oggettistica.

- Portamento.

Viso e micro-espressioni

Ti capiterà spesso di notare che le persone intorno a te sono felici, stressate, stanche, euforiche, tristi o piene di gioia senza nemmeno parlare con loro, ma semplicemente guardando il loro viso, riuscendone a capire lo stato morale.

E fino a qui non c'è nulla di strano, ma cerchiamo di capire cosa sono le micro-espressioni.

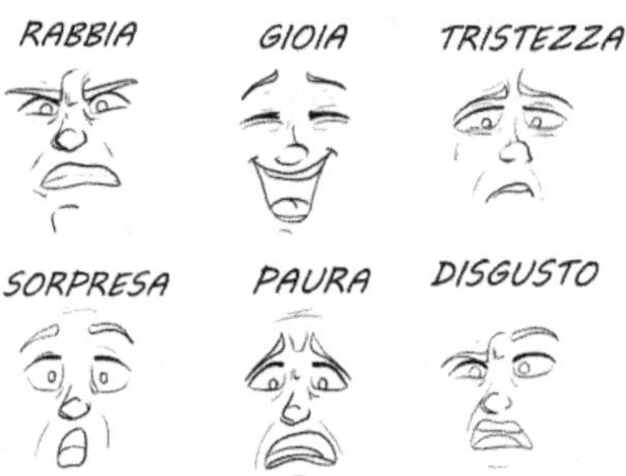

Le espressioni primarie di "base" (dettagli in bonus) riconosciute sono: tristezza, rabbia, disgusto, paura, gioia, sorpresa. Poi nel corso degli anni sono stati aggiunti: divertimento, disprezzo, imbarazzo, contentezza, eccitazione, colpa, sollievo, soddisfazione, orgoglio, piacere sensoriale e vergogna.

Il maggior esperto di micro-espressioni, Paul Ekman, ha scritto molti libri in merito, come *Giù la maschera* e *Felicità emotiva* (che ha come coautore il Dalai Lama) che, se sei interessato all'argomento, ti consiglio vivamente di leggere perché sono davvero interessanti e con molti spunti utili.

Ekman spiega come ben 44 unità di movimento del nostro viso possano creare più di 10.000 espressioni, e queste sono micro-espressioni molto brevi, di una durata media che va da un quindicesimo a un ventesimo di secondo. Come potrai capire, sono segnali importanti che riceviamo, ma dobbiamo avere una grande prontezza e, con il tempo e con l'esperienza, impareremo sempre più rapidamente a coglierli. Ma naturalmente è un aspetto che va considerato e allenato.

Queste micro-espressioni sono direttamente collegate con l'emotività, perciò sono "messaggi" che non possono essere alterati, poiché sono "puri". Possono sembrare irrilevanti, invece ci dicono molto più di quello che possiamo immaginare, dato che, se riusciamo a percepire un sentore nei confronti di un nostro cliente, riusciamo a capire se siamo sulla strada giusta oppure su quella sbagliata. È per noi un forte indicatore, una sorta di bussola per capire se stiamo comunicando in modo efficace in base al nostro ruolo e nei confronti di chi abbiamo davanti.

Quando comunichiamo con il nostro cliente, ricordiamoci di tenere tutta la comunicazione sotto controllo, comprese naturalmente le micro-espressioni, che sono alla base del nostro successo. Consiglio di guadare sempre i dettagli delle micro-espressioni del cliente, cercando di creare sempre emozioni positive, o comunque facendo sì che l'espressione a fine conversazione sia un'espressione positiva.

Nella sezione bonus troverai i dettagli delle espressioni di base, in modo che ti sia di aiuto per avere un parametro per capire la fisionomia del viso in base alle espressioni che le persone hanno.

Altro fattore importante da considerare è che le micro-espressioni non mentono mai, sono reazioni del corpo incontrollate e non sono gestibili razionalmente; quindi una persona può anche non dire la verità, ma il corpo comunque ci manderà un altro tipo di segnale.

Nota. Ricorda che anche tu sei oggetto di micro-espressioni, quindi cerca sempre di avere un atteggiamento neutro e rilassato o comunque empatico in base alla situazione del cliente. Ricorda che anche lui vede e percepisce le tue espressioni, quindi fai attenzione e, come sempre, dai il meglio di te.

Respirazione
La respirazione è alla base della natura del corpo umano per la

sopravvivenza di base. Senza il respiro non possiamo sopravvivere, questo lo sappiamo tutti ed è facilmente dimostrabile. Quello che sanno in pochi è che possiamo influenzare in maniera indiretta le persone vicine a noi semplicemente cambiando il ritmo della respirazione.

Immaginiamo di avere davanti una persona che ha appena avuto uno shock emotivo e che respira a intervalli veloci e ravvicinati. In quel momento, anche noi veniamo coinvolti emotivamente e, tendenzialmente, il nostro respiro, da uno stato di calma, aumenta il ritmo e inizia a essere simile a quello della persona che è sotto shock. Anche se non te ne sei mai reso conto, questo ci porta emotivamente ed empiricamente a essere vicini a quella persona, che percepisce che la stiamo capendo e che vogliamo aiutarla.

Ora, nel momento in cui ci interfacciamo a una persona, abbiamo delle cose da considerare e da tenere sotto controllo. Noi sicuramente dobbiamo trovarci in uno stato di calma in modo che chi si avvicina a noi lo percepisca e non si agiti per colpa nostra.

Anche se sei in una situazione di caos lavorativo, devi sempre farlo in modo calmo, puoi fare anche le cose con rapidità, ma con la tranquillità e la sicurezza di un veterano, è questo che fa la differenza.

Ora, quando si avvicina il cliente, per entrare in empatia con lui, possiamo usare la tecnica del ricalco, in cui respirazione e ritmica della voce vengono copiate in base a quelle che sono le caratteristiche del cliente.

Un piccolo trucco per capire il ritmo respiratorio del cliente è quello di guardargli le clavicole e iniziare a respirare con il suo ritmo, copiandolo e tenendolo costante per tutta la conversazione. Una volta imparato come fare, bastano davvero pochi instanti per applicare questo trucco, e questo ti permetterà di entrare in empatia con il cliente senza che lui se ne renda conto.

Quando lo fai in modo inconscio, le persone si sentono capite e maggiormente predisposte a fidarsi di te. Puoi provarlo anche con amici e parenti per allenarti e vedrai sin da subito i risultati.

Vestiario

Tendenzialmente nel lusso anche l'occhio vuole la sua parte, e naturalmente l'abbigliamento ci svela molti lati della persona e della sua personalità. Non parlo di vestiti eleganti o meno, parlo del fatto di notare cosa trasmettono i vestiti che indossa questo o quel cliente, perché un uomo in tuta o una donna in tailleur posso essere entrambi eleganti o di classe.

Il vestito ci dice qualcosa, ci lancia un messaggio, ma quello che consiglio di notare è cosa comunicano l'uomo o la donna in quei vestiti e se vestono i panni della propria personalità. Uno degli uomini di maggior classe mai vissuti in Italia, Gianni Agnelli, per primo indossò l'orologio sopra il polsino della camicia, dato che era molto più comodo per vedere l'ora, e da lì in poi tutti lo copiarono. Agnelli era un uomo estremamente elegante e qualsiasi cosa indossasse, portata da lui, aveva un altro valore.

Questo è un esempio per farti capire che non sempre ti capiteranno persone con un abbigliamento classico, oppure moderno, l'abito ci fa capire tratti della personalità. Il valore dell'individuo lo percepiamo vedendo come stanno quei vestiti addosso a lui e se sono in sintonia con la sua persona. Quindi usiamo questo dettaglio per capire meglio chi abbiamo davanti e quali sono le esigenze che possono essere utili per risolvere i sui problemi ed erogare un servizio di lusso.

Oggettistica

Tendenzialmente, gli oggetti ci forniscono le informazioni riguardanti lo stato sociale. Facendo attenzione a questi dettagli, possiamo capire molto di un cliente e del suo potere di spesa. Naturalmente se non indossa orologi, collier, anelli, bracciali orecchini o altro, per noi sarà più difficile poter riconoscere se sia un cliente di un certo rango o meno.

In questo caso dobbiamo notare polsi, mani, orecchie, collo dei nostri clienti e vedere quali oggetti indossano e il relativo valore che può essere stimato. Un Rolex, un anello di Bulgari o una collana di pietre preziose sono tutti segnali (PME) che le persone lanciano al mondo ed è nostro compito cogliere queste sfumature e usarle a nostro vantaggio.

Ti starai chiedendo: a cosa mi serve sapere o notare queste cose?

Semplice, ai clienti che indossano oggetti preziosi posso proporre cose più particolari, come una Rolls Royce in affitto, oppure una top suite, un vestito particolare da acquistare e così via.

Non che con chi non ha questi oggetti non debba farlo, ma naturalmente a un primo impatto capiamo che sono persone che vogliono farsi notare per le particolarità e l'unicità degli oggetti che acquistano, e tendenzialmente vogliono il meglio pagando il giusto prezzo. Capisci pertanto che notare queste cose può essere molto utile anche per capire come comunicare con il cliente e far sì che si senta compreso e capito, che è alla base di ogni servizio in generale e soprattutto dei servizi di lusso.

Portamento

Il portamento è una forma di comunicazione che ci permette di capire molte cose sul carattere e la personalità di chi abbiamo davanti. Il portamento è un atteggiamento evidente che esprime linee chiare su dettagli come eleganza, stanchezza, umiltà, sicurezza e così via.

Naturalmente anche questo aspetto ci serve per capire chi abbiamo davanti e aggiustare il tiro in modo più preciso in base ai dettagli che presenta. Sicuramente il portamento è un PME perché, in modo veloce e chiaro, ci permette di avere una fonte di informazioni utilissime.

Immaginiamo soltanto come potremmo impattare positivamente se vedessimo una persona con un portamento stanco e le offrissimo un bicchiere d'acqua oppure un caffè. Semplice? Sì. Per tutti? Assolutamente no, dato che non tutti hanno l'attenzione giusta per vedere queste cose.

Personalmente utilizzo molto questo PME per carpire tantissime informazioni sul cliente che uso a mio vantaggio per avere dei jolly da potermi giocare. Dal portamento possono scaturire molte azioni importanti che portano i clienti dalla nostra parte in modo semplice e naturale. Fondamentalmente il cliente nemmeno capirà come, ma si fiderà di noi e si affilierà a noi.

Quindi, se vedi un cliente con un portamento stanco, offrigli qualcosa che lo tiri su; se ha un portamento di eleganza, proponi cose che lo valorizzino e che lo facciano sentire unico e con stile.

Insomma, adeguiamo le nostre azioni in base alle informazioni che il cliente, grazie a questo PME, ci fornisce e costruiamo un'azione intorno a questo. Il successo è più che assicurato.

Parla l'esperto Simone Cerri (Tecniche di comunicazione)
Abbiamo visto finora molti aspetti della comunicazione, e Simone Cerri è un massimo esperto in Italia. Goditi il suo intervento che è di assoluto valore.

I segreti della Comunicazione
Herman Hesse, filosofo e premio Nobel per la letteratura nel 1946, scriveva: «Non dobbiamo leggere per dimenticare noi stessi e la nostra vita quotidiana ma, al contrario, per impossessarci nuovamente, con mano ferma, con maggiore consapevolezza e maturità, della nostra vita».

Questo è quello che accadrà una volta che proseguirai nella lettura di questo libro ricco di spunti, suggerimenti e soprattutto azioni da intraprendere per migliorare la tua comunicazione, le tue relazioni con gli altri e, di conseguenza, anche la relazione con te stesso. Ora ti racconto una storia. Immagina...

La fronte di Matteo era visibilmente corrucciata, le sue spalle ricurve e le sopracciglia inarcate verso il basso. Il pollice e l'indice della mano destra strizzavano il labbro inferiore della bocca e lo tiravano verso l'esterno, le dita dell'altra mano invece servivano a grattarsi ansiosamente il lato sinistro, sopra la testa. I suoi occhi guardavano verso l'alto come a cercare un'idea, una soluzione.

Improvvisamente un ironico sorriso iniziò a fare capolino tra le sue labbra sottili, gli occhi si spalancarono e rapidamente il sorriso si tramutò in un ghigno sempre più beffardo.

Matteo avanzava verso di me con aria spavalda puntandomi il dito contro e, a un tratto, esclamò baldanzoso: «Non è vero, basta che io stia in silenzio!» Questa è l'osservazione che Matteo fece quando gli dissi che è assolutamente impossibile non comunicare.

Matteo aveva 8 anni e si stava sbagliando, infatti rimanendo in silenzio mi avrebbe proprio comunicato che non voleva comunicare. Avevo esposto a Matteo, figlio di un mio caro amico, il primo assioma della comunicazione che Paul Watzlawick, psicologo e filosofo austriaco, aveva contribuito a elaborare a Palo

Alto, in California.

Gli assiomi indicano quali sono gli elementi sempre presenti in una comunicazione.

1° assioma. È impossibile non comunicare.

2° assioma. In ogni comunicazione si ha una metacomunicazione che regolamenta i rapporti tra chi sta comunicando.

3° assioma. Le variazioni dei flussi comunicativi all'interno di una comunicazione sono regolate dalla punteggiatura utilizzata dai soggetti che comunicano.

4° assioma. Le comunicazioni possono essere di due tipi: analogiche (ad esempio le immagini, i segni) e digitali (le parole).

5° assioma. Le comunicazioni possono essere di tipo simmetrico, in cui i soggetti che comunicano sono sullo stesso piano (ad esempio due amici), e di tipo complementare, in cui i soggetti che comunicano non sono sullo stesso piano (ad esempio la madre con il figlio). Se vuoi approfondire l'argomento, il testo da leggere è *La pragmatica della comunicazione umana*.

Ti ho lasciato queste informazioni con la speranza di suscitare in te un po' di curiosità per questo mondo, quello della comunicazione, così vasto e così attraente, così dannatamente semplice nella sua complessità.

Comunicare con gli altri in maniera funzionale crea relazioni e le relazioni generano emozioni. È semplicemente fantastico quando con la comunicazione si riescono a "far vivere" emozioni alle persone che ci circondano.

È forse questa una delle vere discriminanti per avere una vita di successo? Una Luxury Life, come direbbe l'autore? Vediamo...

Se vivi delle difficoltà nelle relazioni fondamentali della tua vita, quelle con le persone con cui passi la maggior parte del tempo (partner, figli, parenti, clienti, soci, colleghi, superiori, subalterni), sicuramente avrai capito che non puoi più aspettarti che siano gli altri a modificare in meglio i loro comportamenti. Può capitare, certo, ma è piuttosto raro.

Ciò che capita più frequentemente, invece, è che la spirale del contrasto si sposti sul conflitto, dal quale è di gran lunga più difficile tornare indietro. Per non essere d'accordo servono almeno due persone, ma una sola è sufficiente per rompere un vecchio schema e introdurre atteggiamenti piacevoli per entrambe. Cosa bisogna fare quindi per evitare che eventuali discussioni sfocino in contrasti? Come si fanno a redimere i conflitti? Imparando a comunicare o, meglio, reimparando a farlo correttamente.

Sono convinto che la capacità di persuasione ci abbia fatto evolvere e che parole come accoglienza, collaborazione e ascolto siano, oggi più che mai, i veri principi fondanti di una comunicazione evoluta che mi piace definire performativa, una comunicazione che fa accadere le cose, una comunicazione coinvolgente.

Caro lettore, ora guardiamo insieme quali sono le differenze tra convincere, manipolare, persuadere e coinvolgere per essere davvero efficaci e significativi nella comunicazione.

Convincere. Sai che la parola convincere deriva dal latino *convincĕre*, comp. di *con-* e *vincĕre* «vincere» cioè, vincere insieme. È indubbio che però, quando le parole evocano sensazioni spiacevoli, il linguaggio prende una valenza suggestiva negativa e la parola convincere (nonostante il suo significato) per l'appunto assume un'accezione assolutamente negativa. Lo scambio comunicativo in questo caso si definisce dialettico, con simmetria delle rispettive tesi, che spesso sono in conflitto tra loro, e questa "non è cosa buona".

Manipolare. Qui lo scambio comunicativo è condizionante e praticato dall'uno sull'altro. Normalmente uno vince e l'altro perde e "non è cosa buona da fare".

Persuadere. Lo scambio comunicativo diventa dialogico, un incontro tra intelligenze con differenti modi di vedere le cose che però non entrano in conflitto e aprono un dialogo, dal latino *dialŏgus*, composto da *dià*, "attraverso", e *logos*, "discorso". Persuadere indica quindi il confronto verbale che attraversa due o più persone come strumento per esprimere sentimenti diversi su idee che non necessariamente devono essere condivise ed è assolutamente "cosa buona".

Coinvolgere. Lo scambio comunicativo è anche qui dialogico. Durante lo scambio, una delle parti interessate riesce a evocare sensazioni e a far vivere emozioni all'altro, ed è pura meraviglia. Il coinvolgimento emotivo, quando avviene in una comunicazione, può sfociare in un vero e proprio innamoramento e questo "fa accadere le cose". È proprio qui che la comunicazione diviene performativa.

Ora cerco in poche righe di argomentarti ancora meglio quale sia l'enorme importanza che hanno le relazioni che quotidianamente coltiviamo. Prova a rispondere a questa domanda: Chi sei?

È comune abitudine, in questa società ormai in sofferenza emotiva, rispondere a questa domanda dichiarando il proprio lavoro, quindi raccontandosi agli altri solo per la professione che si svolge (sono un medico, un operaio, un avvocato, sono un pizzaiolo ecc.). Trovi anche tu che questo sia diventato normale e nel contempo palesemente riduttivo?

Davvero possiamo rispondere a una domanda come "chi sei?" semplicemente esponendo agli altri il lavoro che svolgiamo? In effetti, a ben guardare, non è così facile dare una risposta a questa domanda, mentre invece prova a notare come tutto diventa molto più semplice se la risposta dovessero darla, al nostro posto, le persone che ci circondano e che ci conoscono.

Sono le persone che ci conoscono a essere facilitate nel rispondere e ci definiranno in funzione della relazione che noi avremo saputo instaurare con loro. L'assunto che ne deriva è quindi il seguente: è la qualità delle relazioni che viviamo a definire chi siamo. Comprendi meglio, adesso, quanto sia importante creare con la comunicazione performativa delle relazioni significative?

Eccone un esempio lampante. All'inizio del libro hai letto che Giuseppe ricorda di quanto sua nonna fosse attenta e generosa con gli altri, che fossero parenti oppure amici (che la nonna forse sia stata significativa per l'autore?). Un giorno le chiese: «Nonna perché lavori così tanto per loro?» Lei lo guardava negli occhi con un amore così grande e intenso e rispose: «Bello di nonna, far star bene le persone crea tanta gioia» (emozioni). Allora Giuseppe, tutto sprizzante di energia, le domandò: «E io come faccio a creare tanta gioia per te?» (emozioni). La nonna rispose: «Già lo fai ogni giorno» (relazione ed empatia).

Ecco un bellissimo esempio di relazione significativa, un ottimo esempio di comunicazione coinvolgente. Comunicare: mettere in comune, dal latino *communis*, cioè comune, che appartiene a molti.

La comunicazione si trova alla base di ogni relazione umana e le relazioni tra gli esseri umani sono determinate da fattori emotivi, dalle emozioni.

Sono in molti a parlare di emozioni e, nonostante questo, alla domanda che spesso faccio in aula su quali siano (almeno) le 7 emozioni fondamentali, è abbastanza comune che le persone, nel cercare di dare la risposta, si mostrino confuse e non le riconoscano. Qualcuno accenna alla paura, qualcuno alla felicità, qualcun altro alla tristezza; invece, molto raramente emergono anche la sorpresa, il disgusto, l'amore e la collera.

Quindi non conosciamo le emozioni e nel contempo vogliamo tutti essere dei bravi comunicatori e instaurare buone relazioni con gli altri? La risposta la trovi nel titolo di un famoso film con Tom Cruise, *Mission: impossible.* Giuseppe con questo libro ha la straordinaria capacità di affrontare argomenti "importanti" come la cinesica, la prossemica, la digitale, la paralinguistica e, appunto, le emozioni, argomenti che meriterebbero altrettanti volumi dedicati, trasmettendo dei concetti fondamentali in maniera semplice ed esaustiva.

Da ultimo (altrimenti il libro lo scrivo io) le neuroscienze hanno ormai "sdoganato" l'assoluta correlazione tra l'empatia e la capacità di avere un ascolto attivo. Bisogna quindi essere empatici per poter comunicare meglio con gli altri? La risposta è sì e... purtroppo no. L'empatia non si apprende con lo studio, l'empatia è una virtù che viene trasmessa dai genitori che sanno essere significativi ai propri figli e anche da qualche nonna speciale.

Ora tocca a me dare una definizione di lusso. Cos'è per me il lusso? Il lusso è poter definire la propria vita una vita felice e, come abbiamo visto, dipende enormemente da come comunichiamo.

Ora ti auguro un buon coinvolgimento nel prosieguo di questa lettura, solo un'ultima avvertenza: la frase che segue leggila spesso: «Si può vivere felicemente senza avere particolari competenze o abilità, basta coltivare delle buone relazioni, ma non è affatto vero il contrario» (*Simone Cerri*).

Simone è formidabile, vero? È incredibile quanto ci sia da imparare da persone come lui, e non mi rimane che ringraziarlo per questo contributo.

RIEPILOGO DEL CAPITOLO 3:

- SEGRETO n. 1: scrivere al contrario ti farà avere un vantaggio competitivo enorme.

- SEGRETO n. 2: la prima impressione è fondamentale per impressionare il cliente in maniera positiva.

- SEGRETO n. 3: il sorriso, agire, ascoltare, saper usare la voce, il contatto visivo e il linguaggio del corpo sono gli aspetti principali da sviluppare per comunicare in maniera efficace con un cliente Luxury.

- SEGRETO n. 4: ci sono delle cose da notare nelle persone che abbiamo davanti (come il vestiario, il portamento, gli accessori) che ci possono essere di enorme aiuto per avere informazioni da portare a nostro vantaggio.

- SEGRETO n. 5: emozionare è alla base della comunicazione per coinvolgere un cliente.

Capitolo 4:

Come comunicare efficacemente

Il telefono e le comunicazioni effettuate per suo tramite sono letteralmente gioia e dolore per moltissime persone. Ma perché utilizzarlo in modo poco produttivo? In questo capitolo ti spiego i 5 *pilastri fondamentali* che devi assolutamente *conoscere*.

Come ben sai, al giorno d'oggi il telefono è uno strumento fondamentale per poter comunicare con persone vicine e lontane.

La tecnologia ci ha dato tantissimi strumenti che permettono di migliorare la comunicazione a distanza e, probabilmente, nel prossimo futuro usciranno tecnologie ancora più evolute che ci permetteranno di comunicare in modo sempre più efficiente.

Ma torniamo a noi. Quante volte ti è capitato di trovarti in difficoltà nel comunicare con un cliente (magari importante) ed essere impegnato con un'altra urgenza? Se fai business o lavori con clienti di una certa rilevanza sai di che cosa sto parlando, vero? Se la tua risposta è no, puoi smettere di leggere ora questo capitolo, sicuramente non fa per te (magari fammi sapere come fai, per me sarebbe interessante saperlo). Se invece hai risposto sì, qui troverai dei consigli che ti saranno certamente utili,

Questi 5 passi ti permetteranno di risolvere in modo semplice ed efficiente molte delle difficoltà che troverai nel comunicare al telefono. Iniziamo.

1. Sorriso

Quando parli al telefono, **sorridi sempre**. Può sembrare una cosa banale, ma chi è dall'altra parte percepisce il tuo umore; quindi rilassati e sorridi. Il sorriso nelle comunicazioni in cui non si ha un contatto visivo si percepisce. Fai una prova con i tuoi amici e vedrai che la telefonata sarà più piacevole e fluida a prescindere.

2. Chiarezza comunicativa

La conversazione deve essere chiara, con *toni calmi* e rilassati; questo mette a suo agio il cliente anche se si trova in un momento di preoccupazione. La tua sicurezza e la tua calma lo acquieteranno, facendolo sentire in mani sicure.

Un aspetto importante sono anche i *rumori di sottofondo*, dato che disturbano la persona che sta ascoltando e la distraggono dal discorso. Quindi cerca sempre di avere un ambiente intorno a te con il minor numero di decibel possibili.

3. Usare il nome

Usare sempre il nome del cliente dove possibile. Se conosci la persona con cui sei al telefono, chiamala per nome. Nel caso in cui telefoni a un cliente o a qualche suo assistito, e non ne conosci il nome, nel momento in cui risponde memorizza il suo nome e ripetilo durante la conversazione in modo parsimonioso.

4. Attesa produttiva

Nel caso in cui si dovesse mettere in attesa il cliente, perché magari in quel momento specifico si è impegnati, chiedere sempre il permesso (*non più di 30 secondi*). Se si è consapevoli che l'impegno durerà più di 30 secondi, chiedere al cliente se è possibile ricontattarlo a breve e prendere i riferimenti.

5. Informazioni dettagliate

Se il cliente chiede dei consigli o suggerimenti, bisogna essere molto precisi e dettagliati in ogni informazione che diamo, in modo da far sì che il cliente sia assistito in maniera ottimale e non abbia problemi una volta finita la conversazione.

Applica queste semplici regole e fammi sapere quali risultati sarai riuscito a ottenere. *Ricorda che sono le cose semplici* che fanno la differenza! Quindi attieniti a questi 5 pilastri e offri un'esperienza di lusso ai tuoi clienti anche se non sono lì davanti a te.

Il lusso nell'era dei social media (e problematiche annesse)

In questa sede parleremo dell'epoca in cui stiamo vivendo, piena di opportunità e di occasioni, dove tutto sembra essere così vicino ma allo stesso tempo anche molto lontano. L'era dei social ci avvicina a tutti i nostri desideri, soprattutto se parliamo di lusso. Ma ci sono delle controindicazioni. Ecco a cosa devi stare attento

Lusso vs social

Caro lettore, come ben saprai, dare una definizione di "lusso" è qualcosa di talmente soggettivo e articolato che non può essere spiegato in poche parole. *Perché ti dico questo?*

Ti dico ciò perché nell'epoca in cui viviamo, grazie ai social e alle nuove tecnologie – che hanno accorciato le distanze con chi ci sta lontano e purtroppo hanno fatto in modo che chi ci è vicino si allontani sempre di più – volenti o nolenti dobbiamo fare i conti con il "futuro" che avanza e che interessa sempre di più tutti i mercati a livello sia locale sia globale.

Negli ultimi 10 anni, questa globalizzazione (e tecnologia) ha fatto sì che sempre più clienti volessero servizi e suggerimenti di valore sempre più alto. Ti starai chiedendo: «Sì, ma tutto questo cosa significa?» Mi spiego meglio.

Oggi il cliente ha accesso a *molte* più informazioni rispetto a 10 o 20 anni fa. Prima i clienti si affidavano a me completamente e avevo la possibilità di rendere le varie esperienze (shopping, luoghi, ristornati ecc.) in modo magicamente personalizzato, dando il meglio delle mie competenze (che comunque sono state acquisite con fatica nel tempo).

Oggi i clienti, avendo accesso tutte le informazioni a portata di cellulare, possono essere molto più *autonomi* e, oramai, quando mi chiedono informazioni, non si affidano completamente, ma capita *spesso* (soprattutto con i nuovi ricchi) che io debba servire solo a confermare quello che hanno trovato su internet. Beh, sembra una dura realtà ma è così.

Questo è quello che sto notando e che mi ha portato a fare alcune considerazioni:

- Oggi si dà più importanza all'apparire che all'essere.
- Oggi si dà più importanza ai "falsi" ricordi futuri che a godersi il momento presente.
- Oggi si dà più importanza a quello che potremo raccontare ai nostri amici che al vivere un'esperienza in piena consapevolezza.

I social e la tecnologia

Ci portano a sentirci esperti in tutto, a credere di sapere e potere fare tutto da soli donandoci inconsapevolmente un vago ed effimero senso di onnipotenza. Quello che credo è che affidarsi a professionisti del lusso per progettare qualcosa di magico e indimenticabile sia *fondamentale*.

Perché questa esperienza indimenticabile la creiamo solo con i rapporti *umani*, rapporti che regalano *emozioni*, emozioni che regalano *ricordi* e i ricordi sono il sale della vita.

Quando ti affidi a qualcuno di valore, crei un rapporto fiduciario e le tue aspettative, i sogni che cullavi in merito a qualcosa diventeranno più grandi e più vividi grazie a questi professionisti. Un'App è qualcosa di freddo, di anaffettivo, di intrinseco. Le persone sono molto, ma molto di più.

Ma c'è un problema. Oggi chi serve un cliente, che sia Luxury o no, deve essere preparato come non mai. Sì, perché ora il cliente è molto preparato, soprattutto nell'ambiente del lusso, e mi è capitato di vedere che spesso era il cliente a saperne di più di chi lo stava aiutando. Secondo te quale può essere il risultato? Beh, positivo non di certo!

Quindi, se devi servire un cliente Luxury o qualunque cliente ti capiti, ricorda che devi avere una preparazione di base ai massimi livelli, quindi dovrai sempre:

- Informarti.

- Aggiornarti.
- Prepararti.

Deve essere un mantra e fare parte di te della tua quotidianità, perché il mondo cambia oramai velocemente e tu non puoi permetterti di rimanere indietro. Quindi, se mi chiedessi «Giuseppe, secondo te lusso e social insieme possono funzionare?» io risponderei di sì, perché entrambi hanno delle caratteristiche che permettono di amalgamarsi bene. Ma il messaggio che do ai clienti Luxury è: godetevi il momento e non fate 3456 milioni di foto perché dovete condividere un post sul vostro profilo. Prendetevi il giusto spazio e il giusto tempo, ma alla base *godetevi appieno* il momento con il cervello accesso, connesso e ricettivo, invece di tenerlo in bambola davanti a uno schermo.

Social vs lusso (visto dai clienti)

I clienti di lusso, come ben sai, notano i dettagli. Nei capitoli precedenti ti ho descritto come fare una fantastica prima impressione, come si differenziano i clienti e i segreti per offrire un servizio di lusso e così via.

Ora, posto che i clienti notano i dettagli di tutto ciò che facciamo, sarai d'accordo con me che, se entri in un negozio di lusso, ti aspetti un determinato servizio, in linea con le tue alte aspettative.

Bene, non sono certo io a doverti far notare che è sempre più difficile trovare gente sul pezzo, *veramente attenta* e che non sia continuamente distratta da cellulari, social e/o messaggini. Inutile dire che la nostra credibilità e la fiducia da parte del cliente che ci vede scendono sotto le scarpe e recuperarle (se non sai come fare) diventa molto complicato.

Il mio consiglio in questi casi è uno solo*: butta il cellulare.* Quando sei con il cliente, usalo solo per cose che possono interessarlo, disattiva notifiche e vibrazioni: non hai idea di quanto *distraggano.* Dedicati *totalmente* al cliente. Punto.

I social hanno portato una grande distanza tra le persone che sono vicine (logisticamente), perché il loro cervello è lontano, perso in un'altra situazione. Ci sono fisicamente ma *non* mentalmente e un cliente Luxury ci vuole (*giustamente*) presenti al 110%.

Quindi prendi atto che, con il tempo, i social ti portano fuori rotta rispetto a quello che è un servizio di eccellenza e che il cliente paga per ricevere. Tutto questo contestualizzato in un mondo dove i dettagli e la prontezza (*soprattutto mentale*) la fanno da padroni.

Spero che questo mio paragrafo possa essere per te un ottimo spunto su cui riflettere e, fidati, se applicherai questo mindset, la differenza sarà molto importante e si ripercuoterà sui tuoi risultati finali.

I tempi di risposta (il tuo feedback al cliente)
Dopo aver parlato dell'importanza del feedback, vediamo insieme i dettagli sulle tempistiche del feedback, ossia i tempi per dare una risposta al cliente evitando di infastidirlo o di farlo attendere oltre il dovuto.

Quando ci chiede qualcosa, ovviamente il nostro cliente si aspetta una risposta, che può essere immediata o con determinate tempistiche, in base al tipo di richiesta. Ricordiamo che i clienti Luxury possono chiederci fondamentalmente qualsiasi cosa.

Ho diviso in 3 macroaree le casistiche di feedback più comuni:

- Comunicazione diretta con il cliente (one to one).
- Comunicazione al telefono.
- Comunicazione via email.

Cosa fare, come comportarsi e quali sono le tempistiche principali in modo da non fare errori macroscopici con i nostri clienti?

Comunicazione diretta (one to one)

È quella che avviene tra persone in modo "diretto", quindi tra una o più persone, e il tempo di risposta, in questi casi, o almeno per la stragrande maggioranza di essi, è immediato o comunque molto breve.

Orientativamente, il cliente si aspetta una risposta immediata, (come in qualsiasi conversazione che intratteniamo con le persone ogni giorno). Quando il cliente ci fa una domanda, dobbiamo saper rispondere in modo puntuale, preciso e diretto in un tempo molto breve.

Nel caso in cui ti servisse tempo per cercare informazioni o qualcosa per un cliente, considera che un tempo accettabile è tra i 45 secondi e 1 minuto, senza dover tenere in "attesa il cliente". Nel caso in cui fossi certo che l'attesa sarà più lunga, informa il cliente e chiedigli se vuole aspettare. Oppure puoi richiamarlo facendoti fornire un contatto telefonico dove poterlo ricontattare rapidamente, dando una stima del tempo di attesa per avere le informazioni richieste.

Con il "one to one", i tempi di attesa sono molto soggettivi e variano da mansione a mansione; per questo motivo ti consiglio di monitorare i tempi medi accettabili di attesa del cliente e tenerli a mente facendone uno standard per tutti.

Nel caso in cui il tempo di attesa si prolunghi, informa comunque il cliente dicendogli che stai lavorando ancora per lui e che gli fornirai quanto prima un riscontro. Una volta ricevuta l'informazione, o trovato il prodotto per il cliente, informalo immediatamente scusandoti per l'attesa e fornendo tutti i dettagli richiesti.

Nota. Le tempistiche sono orientative in contesti generici che coprono l'80-85% dei casi, ma naturalmente ogni specifica attività ha delle tempistiche particolari. Ricorda anche che ci sono casi sui generis che hanno tempistiche molto soggettive.

Nel caso in cui fossi in una giornata caotica, ricorda sempre di dare un cenno, anche solo incrociando lo sguardo con i clienti in attesa per rassicurarli che li hai notati e che sarai da loro quanto prima.

Comunicazione al telefono

Le comunicazioni al telefono sono tendenzialmente simili a quelle "one to one", con la differenza che al telefono possiamo gestire la comunicazione in modo più dinamico. Mi spiego meglio.

Quando rispondiamo al telefono, abbiamo la possibilità, per esempio, di mettere in attesa il cliente per varie ragioni; qui il fattore fondamentale è il tempo di attesa; infatti, chi chiama al telefono tendenzialmente ha bisogno di informazioni rapide e veloci.

L'attesa stimata in questi casi è di circa 30 secondi e, anche in questo caso, se già sappiamo che in base alla richiesta del cliente dovremo farlo attendere più di questo tempo stimato, dobbiamo prendere il contatto e chiedere se è possibile richiamarlo entro un tempo che indicheremo noi e che, orientativamente, deve essere entro i 20 minuti. Quindi organizziamoci in modo da richiamare il cliente per tempo o da offrirgli un'assistenza diretta dettagliata che chiarisca i suoi dubbi.

Nota. Di base dobbiamo dobbiamo sempre rispondere al telefono entro 3 squilli presentandoci al cliente.

Ricorda. È molto importante ascoltare il nome del cliente nel momento in cui rispondiamo al telefono, in modo da poterlo ripetere durante la conversazione; questo aspetto è molto impattante ai fini della valutazione intrinseca che il cliente avrà sul nostro operato.

Comunicazione via email

Le comunicazioni via email sono sempre utili e indispensabili per confermare le richieste, dare informazioni, avvisare il cliente nella fase pre e post visita presso la nostra attività. Le comunicazioni via email hanno tempistiche che possono variare in base alla tipologia di richiesta. Consiglio comunque di rispondere non oltre le 24 ore.

Oggi i tempi si stanno sempre più velocizzando e credo che, in un prossimo futuro, si accorceranno sempre di più. Naturalmente prima riusciamo a rispondere ai clienti e prima riusciremo a impressionarli.

Una cosa semplice da applicare è preparare delle email standard, in base alle maggiori richieste che ci vengono fatte dai clienti, in modo da averle già pronte e inviarle all'occasione in maniera rapida e veloce.

Nel caso in cui ci serva del tempo, informiamo il cliente che riceverà una risposta entro un tempo X e rispettiamo le tempistiche di risposta, che comunque non potranno superare le 48 ore. Nel caso in cui il cliente ci richieda un sollecito dopo qualche ora dall'invio della prima email, dobbiamo farcene carico subito e lavorarla nel minor tempo possibile.

In questi casi, se possibile, dobbiamo contattare il cliente telefonicamente e informarlo che abbiamo ricevuto la sua mail e che risponderemo entro un tempo X. Per comunicare la tempistica, meglio tenersi un po' larghi. Mi spiego meglio con un esempio pratico.

Se quando richiami un cliente che ti ha inviato un sollecito, sai che potrai rispondere entro un'ora, comunicagli che entro 2 ore riceverà l'email di risposta. Così facendo, ti metterai in una posizione di vantaggio, dato che risponderai prima della tempistica indicata al cliente o, nel caso in cui capitino degli imprevisti, avrai un cuscinetto di tempo per non farlo spazientire.

Quando ricevi tante email, dai sempre delle priorità: a quelle più semplici rispondi il prima possibile, per le altre verifica la data di arrivo e dai loro un senso logico basato sull'urgenza. Per le email che ti arrivano dal cliente dopo che ha usufruito di un tuo prodotto o servizio, chiedi sempre un feedback, e comunque rispondigli sempre continuando a coccolarlo; alla fine, se lo fidelizzi, il cliente tornerà da te, quindi perché perdere queste occasioni?

Nota. Non mettere mai tutte le email in urgenza perché, così facendo, nessuna di esse sarà veramente urgente e perderai il senso delle priorità.

Ricorda. Più rispondi velocemente alle email, migliore è il servizio e l'affidabilità che il cliente percepisce, quindi, quando puoi, cerca di rispondere al cliente anche nel giro di 1 minuto. So che non puoi farlo per tutti e sempre, ma fallo appena puoi, perché quando il cliente riceve una risposta nel brevissimo tempo, comunque ne ricava un senso di unicità e professionalità estrema e sicuramente apprezzerà tantissimo.

I 3 segreti del feedback

È arrivato il momento di condividere con te i 3 segreti del feedback e i vantaggi che ne derivano, applicati all'ambiente del lusso. In questa sezione voglio condividere con te i miei segreti sul feedback. Sì, hai capito bene, il feedback è un aspetto molto importante per vari motivi, e ti mostrerò *i 3 principali*. Il feedback è la risposta/esperienza (positiva o negativa) che il cliente ha in base a un prodotto o servizio. Bene vediamo come utilizzarla a nostro *vantaggio*.

1) Monitoraggio

Il feedback è uno strumento fantastico per capire se quello che facciamo e/o consigliamo è tarato nel modo giusto in base a ogni singolo cliente. Nel mondo del lusso ci sono tantissimi aspetti che si devono considerare, tra cui:

- Dettagli.

- Aspettative.

- Valore.

Ora, considerando che tutti i clienti sono diversi tra loro e che le opinioni e i pareri sono *estremamente soggettivi*, il feedback ci aiuta a verificare se quello che facciamo o proponiamo è tarato in maniera giusta per i clienti o per la maggior parte di loro. Ci aiuta a monitorare tutto quello che accade e, soprattutto, a fare degli aggiustamenti per tempo.

Avere una rotta corretta è *fondamentale* per avere sempre un prodotto o servizio ai massimi livelli. Naturalmente il feedback, sia positivo sia negativo, ci dice quali cose migliorare e quali altre esaltare. Vien da sé che più ne abbiamo e più precisi saremo sull'azione da intraprendere.

Quindi, fai sempre in modo che il cliente ti dica cosa pensa del tuo prodotto o servizio e monitora attentamente tutte le risposte che riceverai.

2) Rapport

Il secondo segreto che voglio condividere con te è il *rapport* (rapporto di fiducia) che si crea con il cliente. Quando facciamo qualcosa per il cliente in modo consono, se gli chiediamo subito di farci sapere come andrà o come si troverà con il prodotto, sarà molto più incline a darci un *feedback per aiutarci a migliorare* e non per criticare.

Facciamo un esempio. Arriva un cliente importante, vuole portare sua moglie nel miglior ristorante della città e mi chiede dei consigli per aiutarlo nella prenotazione. Bene, a questo punto faccio delle domande di rito per capire i suoi gusti e intuisco il miglior ristorante per soddisfare le sue esigenze. Faccio la prenotazione raccomandando al ristorante di farmi fare un'ottima figura, passo i dettagli al cliente e, prima che vada via, gli chiedo di farmi sapere come andrà la sua serata nel ristorante che gli ho consigliato e prenotato.

In quell'istante, facendo quella determinata domanda, si instaura tra me e il cliente un rapporto di fiducia. Lui sa che ho fatto qualcosa per lui, per aiutarlo, e sa che il servizio verrà svolto da altre persone. Nel caso andasse tutto bene, il cliente mi ringrazierà e sarà pienamente soddisfatto. In caso contrario, verrà da me e mi dirà quali sono le cose che non gli sono piaciute.

Nel 92% dei casi, il cliente non è arrabbiato con noi ma ci dice cosa non va, per poter migliorare e far sì che la volta successiva la sua esperienza sia ottimale. Naturalmente facciamo tesoro di queste informazioni per migliorare il nostro servizio e i nostri fornitori.

Se al cliente non avessimo chiesto un feedback, la percentuale di lamentele dirette sarebbe passata dal 7% al 39%. Non male, vero? E pensa, il tutto soltanto facendo una semplice domanda. Quindi, perché non farla? Ti starai chiedendo: «E io che non do consigli ma vendo prodotti, o consulenze?» Il principio rimane lo stesso. Se vendi un prodotto, puoi chiedere al cliente come si sia trovato con l'acquisto invitandolo a descrivere pregi e difetti.

Se fai consulenze o similari, puoi sempre mandare una scheda di valutazione e verificare le risposte. In questo caso ti consiglio di informare comunque, al momento della chiusura degli accordi, che verrà mandato questo modulo, in modo da preparare il cliente a fare un'azione che per te è molto importante per portarti verso la via dell'eccellenza. Come puoi ben capire il *rapport* è un aspetto molto interessante da considerare, non trovi?

3) Azione

Il terzo segreto è composto dall'azione e dal tempo di reazione che abbiamo sul feedback. Nel momento in cui riceviamo feedback positivi o negativi, dobbiamo assolutamente fare un'azione verso il cliente. Ecco i 3 punti che puoi applicare fin da subito.

In caso di feedback positivo:
- Ringraziare sempre il cliente.
- Chiedere cosa gli sia piaciuto in particolare.
- Se possibile, lasciate un cadeaux per ancorare emotivamente l'esperienza.

In caso di feedback negativo:
- Ringraziare sempre il cliente.

- Chiedere i dettagli che lo hanno portato a dare un feedback negativo.
- Trovare una compensazione per pareggiare (anche se in parte) la brutta esperienza.

In entrambi casi, ricorda sempre di annotarti le cose buone e quelle cattive, sono la linfa vitale per qualsiasi business per migliorare, sarò ripetitivo ma è così. Nel caso in cui non avessi la possibilità di fare un'azione concreta, perché magari non sei più con il cliente, devi comunque fare un'azione verso di lui, anche semplicemente chiamandolo, o proponendogli uno sconto, un benefit o altro.

Attenzione. Devi saper riconoscere coloro che danno feedback negativi o si lamentano sempre e solo per avere dei vantaggi personali, i cosiddetti *complaint makers*. Loro vanno gestiti in altra maniera, dato che, per natura, sono nocivi per te, per l'azienda e per loro stessi. Quando li riconosci, gestiscili come tali e non come clienti "difficili"; gestiscili a tutti gli effetti come *complaint makers*.

Complaint makers (da non confondere con i clienti difficili o sfidanti)

Qui parliamo di una categoria di clienti che chiunque odia in quanto non apportano nulla di positivo a nessuno. Parliamo dei *complaint makers*, clienti che cercano ogni pretesto trovando dettagli a volte insignificanti per fare delle richieste spropositate o non contestualizzate, centrate sul rimborso o controparti di valore economico (prodotti o servizi). Bene, andiamo a scoprire come scovarli e come gestirli.

Caro lettore, questi clienti sono dei professionisti nello scovare ogni microscopica lacuna nella comunicazione o nel prodotto/servizio. Non c'è nulla da aggiungere. Sono bravissimi a snidare ogni sfumatura della comunicazione e/o problemi per usarli a proprio vantaggio.

Il *complaint maker* tende a captare tutto ciò che può essere un disagio oppure un'errata informazione, per usarlo allo scopo di avere qualche prodotto, o servizio, gratuito o scontato. Per gestirlo dobbiamo naturalmente ascoltarlo e capire cosa sia successo nello specifico. Dopo di che inizia il bello.

Il cliente sicuramente avrà trovato qualche cavillo tecnico più o meno grave e inizierà a pretendere una compensazione sul disagio creato. Qui dovrai fare molta attenzione a come calibrare il tiro. Se non farai nulla, il cliente non si placherà, se farai troppo, se ne approfitterà per chiedere comunque qualcosa in più. Sappi che dovrai prendere una decisione e mantenere il punto, e che lui non ti renderà la vita semplice.

Le decisioni che dovrai prendere sono, di base, 3:

- Non vuoi offrire una compensazione perché non credi sia opportuno.
- Vuoi offrire una compensazione perché credi sia opportuno.
- Vuoi offrire uno storno sul costo pattuito.

La cosa fondamentale è non cambiare idea, sii deciso e fagli capire che non possono esserci margini di manovra.

Ci sono inoltre *complainers* che inventano anche delle storie o fatti non accaduti per poi rivalersi su di te o sull'azienda. Questa categoria di clienti vive di queste cose e, probabilmente, con alcuni, qualsiasi azione tu intraprenderai non andrà bene comunque e anche se regalassi loro la Luna potrebbero non essere contenti. Quindi, quando prenderai le tue decisioni, considera il quadro generico di chi hai di fronte e se ne vale la pena.

Ora dobbiamo fare una forte distinzione tra *complaint makers/complainers* e clienti "sfidanti" (difficili). Premetto che questa non è una cosa molto semplice da capire ma, se sei arrivato fino a questo punto del libro, sicuramente molti concetti li avrai assimilati. Detto ciò, per poter rendere il più semplice possibile lo scovare i *complainers*, le regole sono fondamentalmente 3.

1) I *complaint makers/complainers* hanno un atteggiamento scontroso e lo sguardo arrabbiato, come se volessero sfogare tutta la rabbia contro il loro "nemico" (il nemico sei proprio *tu*). I clienti sfidanti magari usano anche un tono scontroso, ma lo sguardo è di chi vuole essere compreso per far sì che *tu* possa migliorare il *tuo* servizio.

2) Come detto, i *complaint makers/complainers* vogliono qualcosa in cambio e spesso vengono già con la "soluzione", del tipo: «Io la camera non la pago perché sono successi questi problemi, quindi

dovete darmi 2 notti gratis». I clienti sfidanti chiedono che il problema venga risolto quanto prima e nel migliore dei modi senza richiedere sconti o servizi in cambio, vogliono risolvere il problema subito per continuare a restare tranquilli e rilassati.

3) I *complaint makers/complainers* chiedono sempre di più e spesso non ringraziano, tutto è loro dovuto e, nel caso non fossero contenti di un'eventuale compensazione, stai pur certo che troveranno (o inventeranno), se non subito nel tempo, qualche altra problematica che andrà a sommarsi alle altre per rendere il problema/disservizio sempre più grande. I clienti sfidanti, risolto il loro problema, per quanto possa essere complicato, ti ringrazieranno e torneranno da te come clienti soddisfatti e pronti per una nuova sfida da fare esclusivamente con te, perché sarai il loro punto di riferimento.

Bene, spero di aver fatto un po' di luce su questo argomento complesso. Ho cercato di renderlo il più possibile semplice e comprensibile e sono certo che le nozioni base tu le abbia percepite.

Paese che vai orario che trovi (orari per pranzi e cene)

Voglio condividere *in esclusiva* una tabella che ho creato per te e che spero ti sia molto utile. Di cosa si tratta? Degli orari del pranzo e della cena in 15 paesi sparsi per il globo. Mettiamo a confronto chi mangia prestissimo e chi invece tardissimo.

Qui sotto troverai una tabella che può esserti molto utile per capire gli orari in base alle differenti culture nel mondo. In questa semplice tabella ho racchiuso i 15 paesi sparsi per il mondo con i quali tendenzialmente ci interfacciamo di più. A cosa serve? Semplicissimo, a conoscere ancora meglio i tuoi clienti perché, capendo i loro bisogni e la loro cultura, li farai sentire più a loro agio e sarà molto più semplice entrare in empatia, creare un rapporto di fiducia e farli sentire a casa.

Il cliente apprezza questo genere di cose perché non le fanno tutti e, se queste informazioni le conosci e le utilizzi, ti permetteranno di avere quel quid in più che il cliente non dimenticherà. È da queste cose che si capisce che sei un professionista e i clienti Luxury *amano* i professionisti.

251

Sono certo che questa tabella ti sarà utile per capire meglio i tuoi clienti che vengono da altri paesi e ti permetterà di avere un'attenzione in più su dettagli che sembrano banali ma non lo sono affatto.

Orari* in riferimento al paese

PAESE	ORARIO PRANZO	ORARIO CENA
Italia	13:15	20:30
Francia	12:30	19:30
Germania	12:15	19:00
Olanda	13:00	19:00
Regno Unito	12:45	19:15
Spagna	14:45	21:45
Emirati Arabi	13:20	20:15
Usa	12:15	18:15
Canada	12:15	18:30
Brasile	12:45	19:15
Argentina	14:00	21:15
Giappone	12:15	18:00
Cina	12:00	17:00
Australia	13:45	20:00

Orari medi di Pranzi e Cene Nei maggiori Stati Mondiali

In questo schema ti mostro come i diversi paesi e culture, hanno differenti orari nei loro orari di cena.

Questo è un aspetto molto importante se dobbiamo considerare di invitare degli stranieri a dei pranzi o cene di lavoro.

*Dati sono medie nazionali

Pranzo

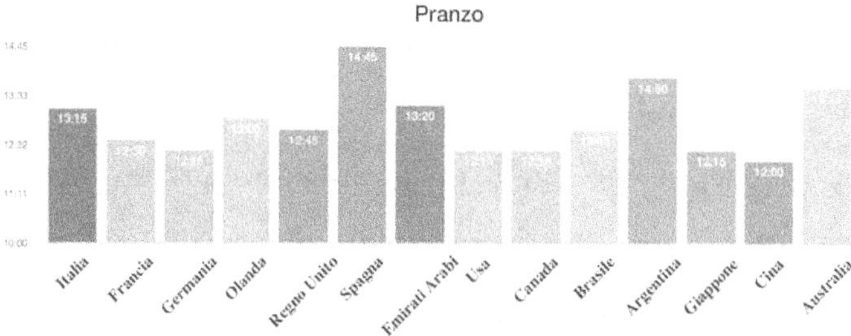

Cena

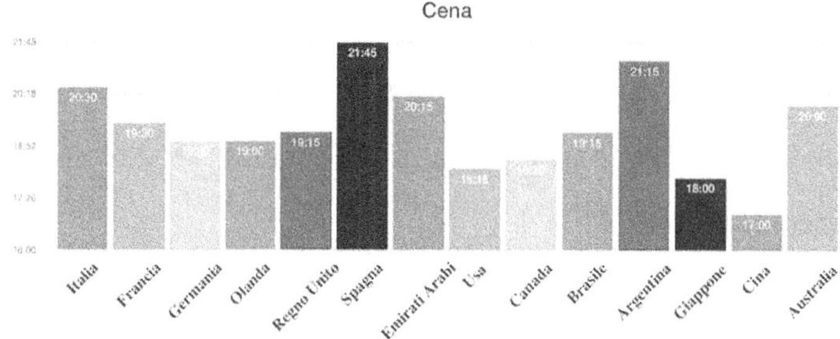

Parla l'esperto Ottavio Alvarez (esperto tecniche di vendita)

Ottavio è il mio mentore lavorativo e mi ha insegnato tante di quelle cose sul business che nemmeno un'enciclopedia basterebbe per contenere tutti i suoi insegnamenti. Ottavio è uno dei venditori più bravi che abbia mai visto in vita mia, parla chiaro, senza mezzi termini e dietro a ogni sua parola c'è sempre un insegnamento da apprendere. Vediamo come vendere nel lusso grazie a queste pagine.

Segreti della vendita

Quando Giuseppe Di Sandolo mi ha chiesto di scrivere alcune righe all'interno del suo libro, ho accettato volentieri. Devo ammettere che ho un po' faticato a trovare l'attenzione e il tempo necessari per riuscire a scrivere, di mio pugno, queste pagine. Ma visto che il lusso è un tema che mi affascina e che, in un qualche modo, mi riguarda da vicino, ci tenevo che il mio punto di vista sulla cosa potesse arrivare a chi leggerà questo libro senza alcun filtro intermedio.

Mi chiamo Ottavio Alvarez e sono il direttore Sales&Marketing della catena di negozi Orodei, del franchising immobiliare

SoloAffitti SpA, della "Gioielleria Duca dal 1962", del noleggio a lungo termine C@r-free, della casa editrice che fa pubblicazioni sul lusso "Pucci Papaleo Edizioni" e che, tra le altre cose, viene coinvolta in ogni asta in cui sono presenti orologi che hanno una base d'asta di pezzo superiore al milione di euro.

Ma arriviamo al sodo della mia presentazione prima di entrare nel nocciolo del discorso che voglio fare assieme a te: sono simpatico, sono ricco e sono molto affermato nel mio lavoro. Tra le altre cose, sono anche socio e collaboro con Giuseppe Di Sandolo in One Luxury Day S.r.l. e quindi ho avuto modo di vedere dal vivo le tantissime esperienze che i molti clienti di di questa azienda hanno deciso di regalarsi per rendere ancora più importante e unica la propria vita.

Immagino che tu stia leggendo questo libro perché vuoi fare soldi con il lusso o perché ti interessa l'argomento per capire come poterli spendere ancora meglio, vero? Quindi mi sembra il momento giusto per cominciare a parlarti di qualcosa che ti interessa di più della mia inutile autocelebrazione, che ha il potere di fare tutto, ma sicuramente non quello di darti quel vantaggio personale aggiuntivo che, solitamente, cerca chi investe il proprio tempo nella lettura di un nuovo libro (o nella sua rilettura).

Quindi, amico mio, cos'è il lusso? E come si vende? Negli ultimi anni ho avuto la possibilità di vivere due punti di vista di grande interesse per la crescita personale e per il mio apprendimento. Ho avuto la possibilità di spendere milioni di euro nell'acquisto di servizi e beni di lusso, così come ho avuto la possibilità di vendere milioni di euro tra servizi e beni di lusso.

Sono stato sia acquirente sia venditore e posso assicurarti che non c'è nulla di più falso del credere che sia impossibile vendere qualcosa a un bravo venditore. Ho sempre trovato affascinante tutto ciò che si nasconde dietro al concetto di ciò che è il lusso. Il lusso è inclusione, il lusso è qualifica, il lusso è esclusione.

Per assurdo è chi resta fuori dal potersi permettere l'acquisto di una determinata cosa a renderla di lusso. Per assurdo, più che l'interesse di chi deve comprare una cosa, bisogna intercettare e attivare l'interesse di chi vorrebbe una cosa ma non può permettersela.

Ferrari, ad esempio, ha milioni di fan in tutto il mondo. Un po' perché Ferrari è la Formula 1, ma anche perché, diciamocelo, chi non ha sognato, almeno una volta, di uscire di casa e andare in un posto conosciuto e dove si è conosciuti per far vedere a tutti che ci si è riusciti? Finalmente sono riuscito a guidare una Ferrari!

Però, rifletti insieme a me. Non è il guidare una Ferrari a essere emozionante o, per carità, lo è, ma in minima parte. Ma se vogliamo essere totalmente sinceri, io e te, dobbiamo ammettere che ciò che emoziona le persone non è la Ferrari, ma il suo costo. Un costo che, per chi ce l'ha fatta, suona tipo "guanto di sfida" o "incoraggiamento ad agire". Hai visto "tu persona a caso" che ci sono riuscito? Oppure: se ci sono riuscito io, ci può riuscire qualsiasi persona desideri davvero realizzarsi; perciò, credici.

In alternativa si può utilizzare l'automobile come modo per essere più belli. Non è un segreto che dimostrare un certo potere economico renda, magicamente, più attraenti. Però, la verità è che la vendita del lusso non deve avere come protagonista chi vive l'esperienza, ma chi la vedrà senza poterla vivere.

Gli orologi di lusso non sono importanti per chi se li può permettere e ama avere la possibilità di misurare il proprio attributo (scusa, "polso"), con quello di chi condivide la stessa passione. Gli orologi di lusso sono importanti perché sono riconosciuti come costosi da chi fa parte dello scenario potenziante: l'amico povero, il cameriere del ristorante in cui si va spesso, il parcheggiatore, il dipendente della propria azienda o un collega venditore che non riesce a ottenere dei risultati tanto importanti.

Il lusso non viene apprezzato da chi se lo può permettere, ma da chi è in finestra e può solo osservarlo. Senza spettatori, nessuno spettacolo potrebbe valere del denaro e, quindi, ogni cosa nel mondo costa soldi solo se c'è tanta gente tra il pubblico e poca sul palco. Chi osserva, chi si mostra.

Trovo ridicolo parlare di ostentazione. Ti lacrimano gli occhi di sangue mentre guardi il lusso? O pensi di vivere un'ingiustizia perché non sei nato, di default, con la possibilità di comprare ogni cosa tu possa avere voglia di acquistare? Quanto ti qualifica la scelta che hai fatto? Quanto valore dai a quella scelta? Quanto piegherebbe il tuo patrimonio comprare quel determinato oggetto dei tuoi sogni? Quanto potresti sopportare il fatto di perdere una cifra senza avere alcuna speranza di recuperarla?

Per me esistono i poveri che hanno i soldi e i ricchi che non hanno un euro. Sei povero o sei ricco a seconda di ciò che ti impressiona e ciò che ti può coinvolgere emotivamente o meno.

Il lusso è una fantastica opportunità per tutte le persone che vogliono cambiare vita, livello sociale e status economico. Si possono fare, davvero, tantissimi soldi solo riprogrammando le proprie credenze riguardo al lusso e capendo quali sono i punti che rendono più o meno esclusiva un'esperienza.

Partiamo da un presupposto che la Bugatti ha compreso benissimo: il prezzo è la prima cosa che si utilizza per mettere all'angolo gli osservatori. Tanto più una cosa costa e tante più persone potranno solo vederla. Tanto più costa e tanto più è interessante.

Un prezzo basso è il miglior modo per dire al pubblico che non fai alcuna selezione all'ingresso e che quindi il tuo prodotto o servizio non serve a nulla. Perché se una cosa è per tutti significa che non impressiona nessuno. Siamo nuovamente onesti tra di noi, se non impressiona nessuno non riuscirà a portare alcun valore aggiunto alla tua vita e alla tua reputazione sociale.

Quindi, in estrema sintesi, sono soldi spesi male. E puoi fare i soldi facendo spendere male la gente? La risposta è *no*! Dio santo, no! Se la fai spendere *male*, la gente non vorrà spendere più soldi, non diventerà dipendente da quello che vendi e non lo utilizzerà per sbattere il proprio ego sul pubblico di poveracci su cui desidera affermare la propria personalità.

Parlo crudo, scrivo crudo, cerco di essere diretto perché, sono ancora una volta onesto con te, il mio tempo è importante e i giochi di parole e le pillole dolci sono per chi ha tempo da buttare e non è il mio caso e, credo, neanche il tuo. Tanti anni fa ho imparato che, se vuoi creare una relazione con una persona, la devi disturbare. Se non disturbi nessuno, non esisti. Sei un passatempo, una pubblicità vista di sfuggita mentre si cambia canale alla televisione, un qualcosa su cui nessuno mette interesse e di cui nessuno parla.

A meno che tu non scopra la cura per il cancro, nessuno spenderà ore e ore a celebrare la tua persona e, voglio essere ancora onesto con te, anche nel caso in cui tu la scoprissi, finirebbe con il diventare protagonista e, in poco tempo, verresti dato per scontato per poi essere dimenticato prima della fine della tua generazione.

Parlare male lascia il segno. Le persone ricordano con più piacere e con più soddisfazione le informazioni negative. Le conservano. Le tengono a mente perché ne hanno bisogno. Le storie in cui gli altri falliscono, sbagliano o perdono sono dei meravigliosi piccoli anestetici e antidepressivi che servono per cercare di far sembrare la propria vita meno patetica o banale.

Ma, in fondo, se noi vogliamo fare i soldi e, parliamoci chiaro, noi i soldi vogliamo farli davvero, dobbiamo diventare dei piccoli, simpatici e amichevoli "spacciatori" delle storie che le persone vogliono sentire per poter continuare a stare bene con se stesse.

Fa piacere sentire che molte persone che hanno una Lamborghini spacciano, o la storia di uno tra i tanti calciatori che, dopo 5 anni dalla fine della propria attività sportiva, è finito rovinato, così come è bello ricordare i tanti che, dopo aver comprato un Ferrari, sono finiti in rovina o le persone che hanno perso la casa tirando un po'troppo la corda della sorte della propria impresa. Nel corso degli anni ascoltiamo delle storie sul lusso e poi ne conserviamo tante altre che ci servono per riuscire a sentirci fortunati nel mentre continuiamo a "non vivere" quella condizione superiore che per un certo tempo ci ha affascinato.

I bambini amano il lusso, gli adulti lo vogliono allontanare e rendere razionale. Per questa ragione, quando dobbiamo pensare a come valorizzare il nostro prodotto o servizio per renderlo "lussuoso", per dargli quel tocco di "wow", dobbiamo pensare a come impressionare un bambino. Non a come far digerire il prezzo all'adulto.

Al bambino e, parliamoci chiaro, viviamo in un mondo di poveri perché nessuno vuole più pensare ai bambini. C'è anche il calo delle nascite. Oramai siamo diventati degli adulti che vogliono migliorare il modo con cui comunicano con i vecchi, non con i bambini e, per risultato, finiamo con il vendere delle medicine pagate con il "ticket" dato dal medico di base, anziché bambini che vendono ad altri bambini l'illusione che potrà essere sempre così facile riuscire a emozionarsi ed essere felici.

L'entusiasmo è qualcosa che dovrebbe sempre esistere e, in fondo, senza entusiasmo la vita sarebbe davvero noiosa. Non proviamo le cose perché pensiamo che tanto o andranno male o perché le riteniamo inutili. Ma che modo di merda di ragionare è mai questo?

Un ricco fa le cose perché si diverte, principalmente, non perché devono funzionare o non funzionare. Sono i poveri e gli insicuri quelli che vivono con la pretesa di dover controllare il futuro. I ricchi si divertono mentre vivono il presente.

Quindi, il tuo prodotto o servizio hai capito a chi si rivolge? Stai ambendo alla nicchia più ricca del tuo target? O inconsciamente stai continuando a servire cibo alla Caritas? La ricchezza è arroganza, perché dai, quanto è da poveri definire un ricco ancora più ricco se si mostra umile?

Sarebbe come dire che una bella ragazza è ancora più bella se nasconde la propria bellezza per essere più accettata dalle persone che, per sorte o poca cura, tanto belle non sono. Oppure come dire che una persona molto alta sia più buona se cammina in ginocchio per dare la possibilità a tutti gli altri di sentirsi più alti.

La ricchezza, l'ostentazione di uno status economico superiore, il prendere e comprare cose che solo alcune persone possono permettersi è la normalità a cui devi obbligare la tua testa. Non potrai mai riuscire a vendere a un ricco se continui ad avere la testa da povero o da poveraccio.

Faccio una precisazione. Per me c'è una differenza tra povero e poveraccio. Il povero pensa ai soldi e al futuro, il poveraccio pensa solo ai soldi. Eppure, ho scritto, nessun ricco pensa al futuro e paradossalmente non pensa neanche ai soldi. Pensa all'emozione che proverà vivendo una determinata esperienza, creando un determinato contesto, ridendo o piangendo per una cosa che ha immaginato.

Un ricco si emozionerà per la concretizzazione e i sogni *non* hanno un listino prezzi. Non esistono sogni di serie A e sogni di serie B. Tutto è estremamente importante nella testa di un ricco ed è per questo che, a seconda di come la persona che ho davanti evolve la conversazione, io capisco dove è il focus di quella persona.

Ci sono persone che dicono che è inutile avere i soldi perché nessuna persona può portarli con sé in paradiso. Vero, eppure *non* ho mai sentito nessun ricco dire questa frase. Perché, in fin dei conti, il denaro è solo un mezzo con cui è possibile comprare valore aggiunto per il proprio presente.

Se cerchi qualcosa che ti dia sicurezza per quando sarai vecchio, comprati una buona assicurazione, scegli un fondo pensione privato, diversifica un minimo ma, ti prego, cerca di spendere almeno il 70% di quello che hai.

È giusto pensare al futuro, ma non rinunciare a tutto il tuo presente per fare spazio al futuro. Il futuro, così come quanto ne avrai, è una variabile indefinita. Non puoi fare i conti con qualcosa la cui incognita sarà risolta solo nel momento preciso in cui morirai e in cui non potrai più fare nulla a riguardo.

È più corretto pensare al presente. Perché oggi hai il potere di potenziare il tuo presente nel mentre potenzi il presente delle persone che sono importanti per te e che, a loro volta, danno più valore alla tua vita.

Nella mia esperienza come venditore, molte persone mi chiedono quali possono essere i segreti che permettono di alzare a dismisura il prezzo di un prodotto o di un servizio. La mente gioca strani scherzi. Siamo predisposti a spendere di più per sentirci fortunati, e vogliamo essere pagati per restare nella posizione di chi ha sfortuna.

Semplificando al massimo, per vendere il lusso devi seguire lo schema che segue.

Come si sentiranno le persone che resteranno fuori da questo acquisto? La risposta giusta è, a scelta, "svantaggiate", "sottomesse", "imbruttite", "umiliate", "offese".

Quanto sarà "memorabile" l'esperienza di acquisto della persona? Quanti dettagli gratuiti riesci ad aggiungere all'esperienza di acquisto della persona?

Quali sono gli accessori ipnotici che utilizzerai per "ricordare" alla mente della persona di aver vissuto un'esperienza unica nella sua vita?

Quanto si sentirà economicamente impegnata la persona che compra quel bene o quel servizio? Senza sudore non c'è soddisfazione, anche pagare un prezzo alto ha la possibilità di rendere ancora più memorabile un acquisto.

Alla fine, se ci pensi, è ciò che avviene quando vuoi spiegare quanto vale una cosa a una persona che di quella cosa non ne capisce niente. Prima racconti quanto hai speso, poi di come ti guardavano le persone, poi racconti due o tre cose in più che ti hanno stupito e che non ti aspettavi e, infine, spendi due parole sul prodotto o sul servizio. Ecco, il lusso, è riuscire a suggestionare e controllare tutto quel prima.

Grazie a Giuseppe Di Sandolo per lo spazio che mi ha riservato in questo libro e, soprattutto, a te che sei andato oltre le tue convinzioni e mi hai seguito in questo particolare e schietto ragionamento tra uomini adulti che vogliono ancora aiutare i bambini a sognare.

Ringrazio Ottavio per il suo intervento diretto e crudo, come dice lui, ma sicuramente efficace e di grande riflessione per capire i punti da toccare nell'ambito della vendita in un mondo così delicato come quello del lusso.

«Qualità è soddisfare le necessità del cliente e superare le sue stesse aspettative continuando a migliorarsi» (William Edwards Deming).

RIEPILOGO DEL CAPITOLO 4:

- SEGRETO n. 1: usa il feedback e i tempi di risposta a tuo vantaggio per acquisire informazioni utili e gestire i tempi della comunicazione.

- SEGRETO n. 2: per comunicare in modo efficace al telefono, ricorda di sorridere, di parlare in modo chiaro e di dare informazioni dettagliate.

- SEGRETO n. 3: riconoscere i *complaint makers* è fondamentale per saperli gestire in maniera consona.

- SEGRETO n. 4: conoscere gli orari di pranzo e cena nel mondo è utilissimo per fissare appuntamenti in maniera ottimale in base alla provenienza del tuo cliente.

- SEGRETO n. 5: nella vendita devi far vivere l'esperienza di acquisto facendo in modo che l'acquirente abbia qualcosa da raccontare, considerando che è il prezzo (alto o basso) per un bene o un servizio ciò che lo legherà emotivamente (più o meno) all'acquisto.

Capitolo 5:
Come sviluppare un mindset da professionista

Quando il gioco si fa duro i duri iniziano a giocare. Quante volte hai sentito questa frase? Diciamo che si tratta di una chiara sintesi di ciò che differenzia un professionista da un principiante. Ma entriamo nella mente del professionista e del dilettante: essendo l'antitesi l'uno dell'altro, non sarà difficile farti capire le differenze; a te la scelta di decidere da che parte stare.

Tu vuoi essere uno stimato professionista? Oppure un umile principiante? Beh, già il fatto che tu stia leggendo questo libro e che sia arrivato fino a questo punto, ti posiziona 10 passi avanti rispetto alla maggior parte delle persone là fuori che non si forma né si informa, come te, per migliorarsi e, di riflesso, per migliorare l'esperienza del cliente.

Vedi, se ti chiedessi di riconoscere a un primo impatto un professionista da un principiante, lo scopriresti in pochissimo tempo, magari senza neanche capire bene il motivo, ma la percezione del servizio che riceverai sarà completamente differente.

Tendenzialmente, il dilettante può avere delle buone performance con clienti facili da trattare e che non richiedono grande impegno. Ad esempio: sono in un hotel e chiedo al concierge di prenotarmi un ristorante a piacere, il concierge gentilmente effettua la prenotazione e, fatta la prenotazione, ringrazio e vado via.

Questo è un classico esempio di cliente facile da gestire, che chiede cose di routine, non ha grosse pretese ed è contento del servizio ricevuto, servizio che sono tutti in grado di erogare in maniera ottimale, sia il professionista sia il principiante.

Il brutto di tutto questo è che sia il professionista sia il principiante non hanno benefici da questa interazione. Mi spiego meglio. Questa tipologia di clienti non ti permette di crescere, perché, in qualsiasi ambito, la crescita si ha solo quando si gestiscono cose complicate che portano al limite delle proprie potenzialità.

C'è un famoso proverbio che dice: i limiti sono fatti per essere superati. Beh è proprio così che si passa da essere apprendisti a essere professionisti: superando continuamente i limiti e rialzandosi da ogni caduta imparando la lezione.

Ora facciamo l'esempio di un cliente che ci porta a spingerci un pochino oltre. Stesso scenario di prima, ma questa volta chiedo di prenotarmi il miglior ristorante della città, per la sera stessa e con il miglior tavolo che hanno, perché devo fare bella figura con dei clienti molto importanti. Questa richiesta porterà il concierge ad attingere alle sue risorse per:

1. trovare la disponibilità in un ristorante in cui di solito è molto difficile prenotare un tavolo;
2. avere il miglior tavolo disponibile;
3. fare tutto nell'immediato.

Capisci che non è una richiesta molto semplice e che, per quanto un concierge possa essere connesso con le strutture, non è facile trovare posto la sera stessa in un ristorante, magari 3 stelle Michelin. Ed è qui che la professionalità inizia a formarsi: semplicemente non lamentandosi della richiesta, ma facendo tutto il possibile, e anche oltre, per poterla soddisfare.

Un principiante avrebbe fatto delle facce strane come per dire «È impossibile, non ce la potrò mai fare» o, peggio, pensare «Ma il cliente è matto a fare una richiesta simile?» Tu, che sei o vuoi diventare un professionista, devi cancellare quelle vocine inutili e fare semplicemente il tuo massimo (*realmente*) per portare a casa il risultato e cercare in ogni maniera di soddisfare il cliente, attingendo a tutte le tue potenzialità, conoscenze e attitudini per far sì che la richiesta si realizzi.

E nel caso in cui comunque non riuscissi a farlo? Il cliente noterà il tuo impegno, capirà che non sei tu che non ti stai impegnando ma che dall'altra parte (il ristornate, in questo caso) c'è un problema oggettivo che purtroppo non puoi modificare. Il fatto che tu ti dia molto da fare ti mette in una posizione di vantaggio, perché ti permette di dare un consiglio e indirizzare il cliente su un altro fantastico ristorante e, una volta notato il tuo impegno, il cliente sarà ben predisposto ad accettare un tuo consiglio.

Immagina ora questa domanda fatta a un principiante. Già vedo le smorfie sul viso come per dire "è impossibile" oppure avere un atteggiamento remissivo e non proattivo. Cosa intendo dire con remissivo? È l'atteggiamento di chi deve fare qualcosa perché così gli è stato ordinato di fare e non perché ha voglia di farla. Questo si riflette sulla nostra comunicazione non verbale e fa in modo che il nostro cliente si irriti perché capisce che ha a che fare con un principiante.

Sicuramente il principiante vorrà uscire da questa situazione il prima possibile, quindi si arrenderà al primo no. Noterai, con il tempo, che anche il modo in cui vengono fatte le richieste è diverso da quello di un professionista.

Ti faccio un esempio per vedere le differenze. Il professionista farà la richiesta in modo produttivo e questa sarà configurata, orientativamente, in questa maniera: «Alessandro, sono Giuseppe dall'albergo Luxury Style. Ho un cliente importantissimo che vuole venire da voi questa sera. So che non è affatto una richiesta semplice, ma è di assoluta importanza. Come puoi aiutarmi?» Dall'altra parte verremo percepiti come delle persone che hanno un cliente molto importante con un problema da risolvere e, in questo caso, il ristorante farà a sua volta il possibile per poterci aiutare. Il messaggio indiretto che diamo al ristorante è: "ho un cliente all'altezza del tuo fantastico ristorante, come possiamo far sì che il mio fantastico cliente venga nel tuo splendido ristorante?»

Il principiante farà la richiesta in modo auto-sabotante e sarà configurata orientativamente in questa maniera: «Alessandro, sono Giuseppe dall'albergo Luxury Style, ho un cliente che vuole venire a mangiare da voi questa sera e già gli ho comunicato che non c'è posto, anche perché vorrebbe venire stasera. Per caso hai un posto disponibile?» In questo caso facciamo capire che non abbiamo grossa considerazione del nostro cliente e quindi, se non è importante per noi, perché dovrebbe esserlo per chi il cliente nemmeno lo vede? Involontariamente, il principiante sta dicendo: «Questo cliente matto pensa che basti chiedere per venire a mangiare da voi che siete il miglior ristorante della città».

Capisci quanto sono nette le differenze e quali risultati straordinari puoi creare? Naturalmente questo è solo un ambito, ma si possono fare milioni di esempi simili su infinite occasioni lavorative che possono capitare ogni giorno. Un ultimo consiglio: vai sempre alla ricerca di clienti sfidanti e non scappare come i principianti, sono loro che ti fanno crescere alla velocità della luce.

Bene, non mi resta dirti che tutto questo dipende da te. Qualsiasi cosa farai, sarai tu a scegliere se essere un professionista oppure un principiante. Nella tabella che segue, ho messo le 20 differenze maggiori tra un professionista e un principiante. Tu in quali ti riconosci?

Professionista VS Principiante

	Professionista	Principiante
1	Pro Attivo	Ha un atteggiamento passivo
2	Mantiene uno standard elevato nel tempo	A volte non sa o ricorda quali siano gli standard da seguire
3	Gli piacciono le sfide	Le sfide lo stressano
4	Ha sempre voglia di imparare	Sa tutto e non ha nulla da imparare
5	Si tiene sempre aggiornato	Si informa del minimo indispensabile senza andare oltre
6	Prepara preventivamente dei Jolly da utilizzare al momento giusto	Lavora nell'ordinario e nella mediocrità
7	Comunica in maniera diversa in base al cliente che sta gestendo	Comunica con tutti allo stesso modo e se non lo capiscono è il cliente che sbaglia
8	Sa gestire lo stress	Non sa gestire lo stress
9	Aiuta i colleghi in maniera produttiva e positiva	Non gli piace aiutare i colleghi, è lavoro in più da svolgere
10	Gli piace gestire clienti difficili	Scappa dai clienti difficili
11	Tengono l'ambiente di lavoro in ordine	L'ambiente di lavoro non sempre ordinato
12	Sanno scovare dettagli e usarli a proprio vantaggio (in modo positivo)	Non vedono oltre il proprio naso
13	Sa stare fuori dalla zona di comfort	Vivono perennemente nella zona di comfort
14	È un punto di forza per l'azienda	E' l'anello debole dell'azienda (ma lui non lo sa)
15	Ascolta senza interrompere	Interrompe la comunicazione del cliente rispondendo prima del tempo
16	Fa domande logiche per dare la migliore opzione al cliente	Non fa domande e se le fa non sa cogliere il significato intrinseco delle risposte
17	Sorride sempre	Non sorride sempre
18	Lascia i problemi personali fuori dal lavoro	Porta problemi personali nel posto di lavoro
19	Il suo aspetto è impeccabile	Il suo aspetto è da migliorare
20	Prende solo il meglio dalle persone per imparare	Apprende le cose sbagliate dalle persone tralasciando quelle importanti

Ora una semplice domanda per te: basandoti su questa figura, tu da chi vorresti essere aiutato? Già, non avevo dubbi... Ora capisci da te l'importanza dell'enorme differenza che passa tra un professionista e un principiante.

«Ho visto cose...» (messaggio ai nuovi arrivati)

Piccolo paragrafo dedicato a tutti i nuovi arrivati (e non solo) che hanno "dimenticato" un comportamento fondamentale che sempre *meno spesso* vedo nelle aziende di lusso. Se anni fa lo avessi fatto io, la mia vita lavorativa nel lusso sarebbe stata stroncata.

Caro lettore, ecco un semplice esempio (per l'ennesima volta). Siamo in un hotel 5 stelle lusso. Uno stagista di 22 anni, appena arrivato, si avvicina alla reception e comunica di dover fare determinate cose che i suoi capi gli hanno chiesto di eseguire. Ho notato qualcosa di "imbarazzante": il collega non sapeva chi fosse questa persona.

Ti starai chiedendo: «Sì, Giuseppe, e allora?»` Ancora un attimo, fammi finire il discorso. Quello che ti chiedo ora è di capire bene quello che sto per dirti. Quando entri in una nuova azienda, che tu sia direttore, manager, impiegato o stagista, c'è una cosa che devi sempre, sempre e, ripeto, sempre fare. Cosa? *Devi sempre presentarti, andando tu per primo da tutte le persone che non conosci.*

Ti sembrerà assurdo, ma ci sono moltissime persone che non lo fanno. Ed è un errore davvero grande! Questo è fondamentale per avere un primo approccio con i colleghi in modo ottimale e produttivo. Chi lavora in azienda, magari da 3, 5 o 10 anni, vede un nuovo collega, e non sa chi sia, crea sempre distanza, ed è un errore se pensi che sia lui a doversi presentare, perché sei tu che devi farlo. Bene, spero che la prossima volta – che tu sia un nuovo arrivato, un dirigente o l'ultima ruota del carro – tu presti attenzione a questa cosa, perché è un valore aggiunto *enorme*. Oltre a posizionarti in maniera positiva nei confronti dei tuoi futuri colleghi, fai in modo che le persone sappiano riconoscerti prima e sapere chi tu sia, senza dover chiedere ai colleghi chi sia questa nuova persona o che ruolo ricopra.

Il fatto di non presentarsi ha molteplici risvolti negativi, considerando che, se si entra in un'azienda dove ci sono persone che lavorano insieme da anni – e molte di loro si conoscono da tantissimo tempo – tale mancanza può dare adito a chiacchiere inutili (e sicuramente negative) su chi sia il nuovo arrivato e quindi farlo partire con punti di svantaggio rispetto ai colleghi, che sicuramente sapranno come rendergli la vita difficile, il tutto dettato dal fatto che conoscono le dinamiche lavorative e comunicative del lavoro meglio di lui.

Quindi, perché lasciare a loro questo vantaggio quando basta semplicemente presentarsi con una bella stretta di mano e un gran sorriso? Esatto, infatti basta poco, quel poco che ci fa percepire in maniera completamente diversa e ci fa iniziare con il piede giusto una "storia lavorativa" che, ne sono certo, potrà essere di grande successo.

Come gestirsi tra colleghi e direttivo (problemi comunicativi e cosa fare)

Molto spesso non teniamo in considerazione fattori molto importanti che possono fare un'enorme differenza tra un'esperienza ordinaria e una straordinaria. Credo che tu oramai abbia capito che si tratta della somma di dettagli che, uniti tra loro, creano qualcosa di unico. Eppure i dettagli che ci servono sono sempre intorno a noi: ogni informazione e comunicazione dette nel modo adeguato, ogni gesto, attenzione, voglia di aiutare e potrei continuare all'infinito.

Dettagli... E se ti dicessi che questi dettagli sono anche presenti tra colleghi e direttivo? Se ti dicessi che possiamo far sì che il cliente riceva un servizio ottimale anche grazie a un'ottima collaborazione tra colleghi e direttivo? Questo è ciò che spesso avviene nelle grandi strutture e società.

Vedi, troppe volte mi è capitato di vedere situazioni caotiche in vari ambiti lavorativi e, tendenzialmente, si arriva sempre a un problema comune. Nei momenti di calma tutto funziona, nei momenti di difficoltà ognuno è più oberato dell'altro. Si sa che, nei momenti difficili, tutti i reparti e i colleghi sono molto impegnati con i clienti o con una serie di richieste da evadere.

Un grande errore che si commette è quello di pensare di essere la persona oppure il reparto messi più sotto stress dalle innumerevoli richieste. Questo fa sì che, quando ad esempio un collega ci chiede un'informazione, che magari in quel momento non possiamo gestire, rispondiamo con un brutto tono o, peggio ancora, gli attacchiamo il telefono in faccia. Oppure, quando un collega scredita con il cliente il lavoro che abbiamo fatto, per non parlare di quando commettiamo un errore e veniamo ripresi davanti a un cliente.

Sono tutte situazioni che ti fanno sentire a disagio o creano un malumore interno che, con il tempo, indovina su chi si ripercuoterà? Sul cliente! Quindi perché creare malumore tra colleghi quando è completamente controproducente? Non sarebbe molto meglio se uscissimo dal mindset che noi siamo quelli più indaffarati e che magari tenessimo in conto che lo è anche il collega che ci sta chiamando?

Sicuramente la risposta sarebbe diversa, magari ugualmente veloce e sintetica, ma senza essere scorbutica e senza lasciare il collega in problematiche che non può risolvere se non con l'aiuto reciproco. Non sarebbe molto meglio se invece di dare la colpa al collega si dicesse «è colpa nostra» responsabilizzando tutti per l'errore di uno? Questo farebbe percepire al cliente l'integrità di un team molto unito e forte, e un simile team può vincere qualsiasi sfida gli si presenti.

Infine, non sarebbe molto meglio aiutare in modo discreto il collega che sta commettendo un errore e poi magari riallinearlo su un'operatività corretta quando il cliente è andato via e farlo in privato? Questo permetterebbe ai colleghi di rafforzarsi reciprocamente e di imparare dagli errori commessi, che è, volenti o nolenti, la forma più rapida per imparare.

Tutto questo permette che l'armonia sia percepibile e palpabile, il miglioramento reciproco costante e duraturo e il servizio al cliente di gran lunga ottimizzato, creando un ambiente più sano e consono a standard elevati.

Direi che la seguente frase di Henry Ford racchiude l'essenza di quanto appena detto: «Ritrovarsi insieme è un inizio, restare insieme è un progresso, ma riuscire a lavorare insieme è un successo».

Interviste speciali

Bene siamo arrivati alla fine. Qui troverai le interviste a due personaggi eccezionali che hanno dato al lusso un valore estremo facendone una ragione di vita, dando a loro volta al lusso un contributo molto molto importante. La prima è quella a Michael Romei, rinomato concierge di New York, uno dei più bravi e famosi nel parco mondiale, nonché membro onorario delle Chiavi d'Oro internazionali (associazione internazionale di concierge di hotel 5 stelle). Scopriamo un po' di segreti da questo amico e persona davvero fantastica.

Intervista a Michael Romei, presidente e membro internazionale de Le Chiavi d'Oro

Ci racconta qualcosa della sua storia, della sua evoluzione e del percorso che l'ha portata a essere il miglior concierge di lusso al mondo?

Sono stato educato da genitori italiani, i quali mi hanno insegnato il valore dell'ospitalità e, soprattutto, delle attenzioni da rivolgere agli ospiti che avremmo potuto avere in casa: il letto migliore, le indicazioni su come spostarsi, il cibo, il vino e il calore di una famiglia.

Ho avuto anche la fortuna di avere due genitori che mi portavano con sé durante i loro viaggi. Rimanevo sempre impressionato dalle hall degli alberghi che frequentavamo: spesso mi sedevo per guardare e osservare quello che succedeva e pensavo che forse, un giorno, sarebbe stato quello il contesto perfetto in cui far carriera.

Lingue, culture diverse, viaggi e geografia sono sempre stati i miei interessi principali. Ero un bambino molto studioso e da grande volevo fare il medico. Mi sono iscritto alla facoltà di Medicina, ma poco dopo ho cambiato corso e mi sono iscritto a Relazioni Internazionali. Finita l'università, ho cominciato a lavorare e il primo incarico fu per una grossa società petrolifera ed energetica, la Shell Oil Company.

La Sede di New York era il quartier generale oltreoceano dell'azienda, che aveva i suoi corrispettivi europei a Londra e a L'Aia. Per questo motivo ho potuto viaggiare molto, conoscere il mondo degli affari e di chi viaggia per lavoro. Una delle mie funzioni era riportare informazioni importanti e condividere i nostri progetti con la sede mondiale di Londra. C'era sempre un riferimento al mondo dei concierge. Dopo 7 anni e mezzo, la nostra attività a New York si è interrotta a causa di una fusione e di un assorbimento interni. Così ho deciso di andarmene da New York per trasferirmi in Florida, dove ho passato molto tempo.

È stato proprio in questo frangente che ho pensato che la scelta più logica sarebbe stata quella di lavorare in uno dei settori del turismo: quello alberghiero. Un amico mi aveva consigliato il Boca Raton Resort and Club, che all'epoca era un resort a cinque stelle. Feci un colloquio con il direttore dell'albergo, il quale mi chiese di alzare la mano destra e promettere che sarei rimasto a lavorare per loro almeno una stagione.

Cominciai in reception ma quasi subito, col passare dei mesi, venni promosso per ricoprire svariati ruoli dirigenziali. Ho sempre guardato con curiosità al servizio di concierge alberghiero, in quanto sapevo che sarebbe stato perfetto per me che ero una persona naturalmente curiosa e interessata a visitare e a conoscere nuovi posti, nuovi ristoranti ecc. Quando il concierge capo se ne andò, venni nominato concierge capo senza mai essere stato concierge prima.

Con la crescita del "Boca Raton", ma più in generale di Miami e della Florida meridionale, mi sono reso conto di quanto fosse necessario uno staff multilingue. Per questo ho messo a punto un programma speciale, chiamato "il Concierge Internazionale", secondo cui ogni ospite internazionale avrebbe potuto contare su un concierge madrelingua. Per questo ho aumentato il numero dei concierge che, da quattro, sono diventati 12.

Successivamente sono entrato a far parte dell'associazione locale dei concierge, per poi diventare presidente fondatore dell'Associazione di Concierge della Florida Meridionale. Quando divenni membro di *Les Clefs d'Or* ho cominciato subito a collaborare con il corrispettivo statunitense di *Les Clefs d'Or*, prima come semplice socio, poi nella Giunta direttiva in qualità di vicepresidente.

Nel 2005 sono stato nominato prima vicesegretario generale e poi segretario generale di *Les Clefs d'Or International (UICH)*. Ho lavorato 10 anni nel Consiglio direttivo di *Les Clefs d'Or International (UICH)*. In quel periodo ho elaborato un Programma Internazionale di Formazione per l'UICH (Unione Internazionale dei Concierge d'Hotel) chiamato "Creating Service Magic and About Les Clefs d'Or".

Il tutto è cominciato dall'India, che era appena entrata a far parte dell'associazione, oltre a essere cresciuta molto rapidamente. Per i successivi 7-8 anni ho continuato a offrire i miei insegnamenti e il mio programma di formazione a tutti i professionisti del settore, oltre che alle associazioni locali di concierge di tutto il mondo.

Dopo il Boca Raton Resort and Club in Florida, sono tornato a New York, dove sono diventato Concierge Capo del Waldorf Towers-Waldorf Astoria, ruolo che ho ricoperto per i successivi 24 anni fino alla chiusura dell'albergo, per ristrutturazione, nel marzo 2017. Attualmente sono concierge capo presso il Faena Hotel

Miami Beach, continuo a promuovere il mio corso di formazione e il programma "Creating Service Magic", oltre a lavorare per la "Global Training Initiative" dell'UICH.

Che cos'è Les Clefs d'Or?

Les Clefs d'Or (Le Chiavi d'Oro) è un'associazione mondiale di concierge d'hotel professionisti che si basa su un motto, semplice ma molto profondo: «In service through friendship» (*Amicizia al vostro servizio*). I concierge di *Les Clefs d'Or* sono conosciuti per la dedizione con cui si rivolgono agli ospiti, per l'approfondita conoscenza delle città e delle regioni in cui lavorano e per essere gli ambasciatori dei loro hotel, città e paesi.

Il legame unico dell'*amicizia* sta alla base della forza della rete mondiale dei soci di *Les Clefs d'Or:* una forte collaborazione interna e un punto di riferimento per gli ospiti, uniti ad alti livelli di professionalità ed esperienza.

La sua migliore esperienza come concierge?

Ce ne sono state parecchie durante i miei 30 anni di carriera e tutte sono state molto gratificanti, soprattutto quando ho potuto verificare che il mio servizio ha davvero fatto la differenza nella vita di qualcuno.

Le esperienze più strane che ha vissuto da concierge?
Tra le cose più strane che mi sono state richieste c'è sicuramente spazio per il paracadutismo nudista e per il ristorante vegetariano che servisse anche carne. Ho dovuto anche far tornare indietro un aereo di Stato perché era partito con tutti i bagagli degli ospiti a bordo.

Ho aperto un ristorante e una caffetteria ad Addis Abeba, in Etiopia, ho visto persone redigere il loro testamento, sono stato il testimone del matrimonio di qualcuno, ho battezzato il figlio di un ospite, ho dovuto creare il recinto per un pony con tanto di videocamera, maggiordomo e champagne, per un anniversario di matrimonio. Dulcis in fundo, ho dovuto anche organizzare una vera e propria cerimonia tipica degli indiani d'America, con arco e frecce, nella suite di un ospite, nel Giorno del Ringraziamento.

Qual è stato il cliente più difficile e perché?
Una volta ho avuto un cliente che mi ha minacciato di farmi

uccidere dalla mafia se non avessi esaudito la sua richiesta.

Cos'è per lei il lusso, dopo tanta esperienza?
Il lusso è la sensazione di essere coccolati, viziati e sempre protetti. È quel momento in cui i nostri ospiti sanno e sentono che l'esperienza, l'atmosfera e qualsiasi interazione si basano sul calore, sulla protezione, sulla sicurezza, sull'assistenza e sull'attenzione che rivolgiamo loro.

Qual è la sua personale definizione di lusso?
Il lusso è tempo. Ci prendiamo del tempo per svagarci in modi diversi. È quel periodo di tempo in cui noi concierge siamo chiamati a fare tutto il possibile per i nostri ospiti: non pensiamo solo a far risparmiare loro tempo, ma facciamo in modo che questo lo usino fino all'ultimo secondo nel migliore dei modi. Sono i piccoli dettagli a fare la differenza. Il concierge li conosce e li condivide con l'ospite, in modo da massimizzare il tempo ed evitare di sprecarlo, così che ogni minuto possa essere goduto appieno.

Cosa ne pensa dei giovani che si avvicinano al mondo del lusso?

Credo che il moderno approccio delle nuove generazioni sia sempre motivato da una forte attrazione per il lusso, anche se in modo più rilassato e meno formale, oltre a essere supportato dall'uso della tecnologia.

Sono convinto, per esempio, che le nuove generazioni ancora apprezzino il lusso e l'eleganza, persino quella classica, che non passa mai davvero di moda. Tuttavia, queste preferiscono affrontare il nostro mondo in maniera più rilassata e meno formale. Qui a New York, negli Stati Uniti, ma anche in altre parti del mondo, il lusso esiste secondo canoni meno formali, per i quali, per esempio, la sera non è più obbligatorio indossare lo smoking.

Anche se gli ospiti non hanno problemi a spendere per godere al massimo dell'esperienza del lusso, questi sembrano preferire un abbigliamento più casual. Con gli anni ho potuto costatare che il tipico abbigliamento fatto di giacca e cravatta era sempre meno comune e che, se inizialmente era obbligatorio, ora è solo preferibile, o semplicemente una consuetudine.

Quando si andava in un ristorante raffinato, a teatro, a un concerto di musica classica, all'Opera o in qualsiasi luogo di lusso, era preferibile indossare giacca e cravatta. Negli ultimi anni, sempre meno persone rispettavano questo *dress code,* tanto che ora non esiste quasi più nessun teatro, ristorante o ente lirico che richieda quest'abbigliamento. A volte non serve più nemmeno la giacca la sera: i ristoranti che ancora la richiedono non sono più di 6 o 7.

Un'altra tendenza degli ultimi tempi è che gli ospiti non vogliono essere chiamati signore o signora, ma preferiscono che si usi il loro nome di battesimo. A volte può essere difficile, perché si rischia che il servizio diventi troppo rilassato o addirittura viziato ma, se questo è ciò che desiderano gli ospiti, noi dobbiamo rispettare i loro desideri.

Quali sono le competenze e gli strumenti che una persona deve possedere per offrire un servizio di lusso?
Il lusso lo troviamo nell'atmosfera, nel design, nelle strutture, nella qualità dei prodotti, nella location, nella comodità e nei servizi offerti, in modo tale che l'ospite non debba pensare a nulla. Chi offre un servizio di lusso deve possedere varie caratteristiche, oltre a presentarsi in un certo modo e ad assumere un determinato

comportamento. L'abbigliamento, la cura personale e il modo in cui ci si presenta devono essere professionali, freschi, puliti ma anche calorosi e invitanti. Gli ospiti devono sentirsi liberi di rivolgersi a noi senza che noi glielo diciamo. I capelli, il trucco, le unghie, le mani, l'abbigliamento, il contatto visivo e il sorriso sono tutti elementi che ci permettono di trasmettere questa immagine.

Verbalmente, poi, dobbiamo comunicare in modo amichevole ma professionale, sempre col sorriso, specialmente se siamo al telefono. Il lusso deve far parte di ogni aspetto della nostra personalità e del nostro comportamento nei confronti degli ospiti. Siccome la tecnologia influisce sul nostro modo di comunicare in molti modi, noi dobbiamo essere in grado di dominarla e diventare degli esperti al servizio degli ospiti.

Ci racconta il momento migliore e peggiore della sua carriera, e perché?

I momenti migliori sono sempre quelli in cui mi rendo conto che le mie idee, i miei suggerimenti e il mio impegno sono davvero serviti a fare la differenza nell'esperienza di qualcuno. Un bellissimo *grazie*, una nota di apprezzamento, un commento, una recensione o anche solo un ringraziamento rivolto direttamente a me da un ospite/cliente sono la migliore ricompensa, il modo che ho per sentirmi bene e per sapere che ho fatto la differenza, soddisfacendo le aspettative del cliente.

Al contrario, i momenti peggiori sono quando questo non succede perché qualcosa, al di là del mio controllo, ha interrotto il regolare svolgimento dell'esperienza da me organizzata: parlo, per esempio, di maltempo, pioggia, blackout elettrici, della connessione Wi-Fi che non funziona, di un collega o un fornitore che non svolgono il loro compito come previsto.

Cosa ne pensa del futuro del lusso?
Il lusso non morirà mai né passerà mai di moda, sarà sempre apprezzato ed eserciterà sempre un certo fascino. Tuttavia, sarà la tecnologia a cambiare il lusso: nel futuro ci saranno tecnologie di lusso che ci permetteranno di comunicare in maniera sempre più rapida, facile e con una qualità migliore.

La tecnologia continua a progredire e a dominare il nostro mondo e sarà quindi il principale fattore di cambiamento per ogni aspetto della nostra vita e del nostro mondo. Noi, in qualità di concierge e quindi di maestri di sapienza, esperienza e informazione, abbiamo il compito di dominare la tecnologia, dato che è questo che ospiti e clienti si aspettano da noi. Il lusso, in futuro, sarà sempre più rilassato e meno formale, si focalizzerà di più sull'effettiva esperienza, sull'impegno personale dello staff, sulle strutture e sui prodotti che sono offerti, pur in assenza di formalità.

In che modo la tecnologia ha cambiato l'esperienza del lusso?
Da quanto la tecnologia è entrata a far parte del nostro mondo, l'esperienza del lusso è sempre la stessa, ma viene vissuta in modo più rilassato e meno formale. Gli ospiti si aspettano che le strutture di lusso dispongano delle tecnologie di ultima generazione, perché è su queste che si basa la comunicazione moderna. Per questo è preferibile predisporre sempre una buona connessione Wi-Fi, oltre a prese elettriche e posti di ricarica che possano essere utili all'ospite.

Nell'hotel dove lavoravo prima, ho proposto di fornire agli ospiti dei moderni caricatori portatili da usare al loro arrivo mentre aspettavano che la stanza fosse pronta. Questo aggiunge comodità e agio all'esperienza del cliente, soprattutto in quei resort dove gli ospiti potrebbero dover aspettare in spiaggia o a bordo piscina, dove le prese elettriche potrebbero scarseggiare. Tuttavia, la vera esperienza del lusso rimane invariata, a cambiare sono le situazioni, gli elementi costituenti, l'atmosfera e l'ambiente.

[Commento aggiuntivo]

Qualche anno fa ho partecipato a un vertice mondiale presso il famoso Hotel School di Losanna. In quell'occasione, i leader dell'industria dell'ospitalità di lusso si sono riuniti per due giorni per discutere del significato del lusso. Alla fine, tutti hanno convenuto che il lusso è davvero *tempo*. Nel lusso vogliamo massimizzare il tempo di una persona, affinché questa possa godere pienamente dell'esperienza senza, appunto, perdere o sprecare tempo. Si tratta di prevedere ciò che gli ospiti potrebbero volere e richiedere, oltre a prestare attenzione ai minimi dettagli per sfruttare al massimo il loro tempo.

Beh, la sua esperienza e la sua condivisione è davvero impattante non trovi? Già, davvero incredibile.

Ora ti presento la grandissima Nathalie Paldacci (come sappiamo, le donne hanno delle doti eccezionali), insegnate e consulente nell'ambito del lusso. vediamo cosa abbiamo da imparare da Nathalie.

Intervista a Nathalie Paldacci

Da quanto tempo lavora nel lusso?
Ho cominciato 19 anni fa. Ho mosso i miei primi passi nel mondo del lusso lavorando per un gioielliere esclusivo. Poi sono cresciuta e sono diventata consulente. Ho lavorato per varie società impegnate in vari settori imprenditoriali (industria automobilistica, navigazione, settore alberghiero, gioielli, cosmetica, grandi magazzini, banche private...).

Come si è avvicinata al mondo del lusso?
Lavorando nel settore premium, come direttore regionale di una catena di gioiellerie. Il passaggio dal premium al lusso è stato abbastanza automatico.

Ci può parlare dei risultati da lei raggiunti nell'insegnamento?

Secondo i miei studenti, che mi conoscono molto meglio di me, sono caratterizzata da una forte passione e sono per loro una fonte d'ispirazione. I risultati non sono i miei, ma sono degli studenti che hanno successo e che riescono a ricoprire posizioni di rilievo nel mercato del lusso. L'insegnamento è un lavoro di squadra e non dipende da una sola persona.

Cos'è il lusso secondo il suo punto di vista?
Il lusso dovrebbe essere ciò che ci permette di realizzare i nostri sogni e le nostre aspirazioni e significa eccezionalità, prodotti eccellenti, alta qualità, artigianato, strutture straordinarie. Oggi il lusso non viene più definito, nella sua accezione primaria, come il lusso a cui eravamo abituati tempo fa, quello riservato a una élite. Il lusso ora si rivolge a un pubblico più ampio, soprattutto a causa dei millenials cinesi che sono sempre più attratti da questo mondo.

Qual è la differenza tra un buon servizio e un servizio di lusso?
La completa personalizzazione del servizio. Nel lusso il servizio deve essere modellato in base alle necessità del cliente, mentre nell'altro caso è esattamente il contrario.

I cinque elementi che un cliente si aspetta da un ambiente di lusso?
Vivere un sogno, essere trattato come un re, o come una regina, godere di un servizio continuo e senza ostacoli senza doverlo richiedere. Nei mercati più maturi, le persone ricercano anche il buon senso e responsabilità sociali d'impresa.

Le tre cose più importanti da fare durante un servizio di lusso (e perché)?
Personalizzazione, empatia e rapporto bidirezionale.

Le tre caratteristiche che un impiegato deve avere per lavorare nel lusso?
Passione, senso di empatia e servizio e avere il cliente come unico obiettivo.

Come dobbiamo comunicare con il cliente?
La comunicazione deve essere sempre modellata secondo le sue necessità ma, allo stesso tempo, deve anche essere funzionale a far crescere nel cliente la volontà di spendere.

Come gestiamo i clienti di lusso?

Sviluppando uno spiccato senso di empatia, osservandoli per anticipare le loro richieste, evitando di giudicarli per la loro apparenza o il loro look e prendendosi cura di loro.

3 consigli che possono aiutare a lavorare nel mondo del lusso?
Sviluppare prima le competenze trasversali, perché è difficile trovare chi ha da subito il giusto atteggiamento. Al contrario, le competenze tecniche sono più facili da verificare. Essere sempre curiosi e, infine, stare al passo con le nuove tendenze così da partire sempre avvantaggiati.

Qual è la sua definizione di lusso?
Il lusso per me è una fabbrica di sogni che spinge la popolazione a crescere e a raggiungere uno status sociale più elevato. Il lusso dovrebbe puntare ad aumentare la sua visibilità nel mondo, pur mantenendo l'esclusiva. Il lusso autentico dovrebbe significare "fatto su misura" (sia i prodotti sia i servizi).

Per ulteriori approfondimenti: J.N. Kapfener (tutti i suoi libri); Bain & Company e Mc Kinsey per il loro studio: *Luxury Society* per la sua rassegna stampa.

Non mi resta che dire un enorme grazie a questi due fantastici personaggi, Michael e Nathalie, e sono certo che avrai apprezzato il loro intervento e la condivisione delle loro esperienze personali.

RIEPILOGO DEL CAPITOLO 5:

- SEGRETO n. 1: nel tuo lavoro, scegli se vuoi essere un professionista oppure un principiante.

- SEGRETO n. 2: sii proattivo e cerca sempre di trovare soluzioni ai problemi che ti si pongono davanti ogni giorno per migliorarti continuamente.

- SEGRETO n. 3: presentati sempre sempre sempre in un nuovo posto di lavoro.

- SEGRETO n. 4: in un ambiente di lavoro, pensa che tu sei quello meno indaffarato rispetto agli altri e cerca sempre di aiutare i tuoi colleghi.

- SEGRETO n. 5: chi lavora da anni nel lusso con grandissimi risultati ha iniziato come te, tenendo sempre bene in mente come migliorare e creare emozioni ed esperienze indimenticabili.

Conclusione

Una cosa mi dispiace molto: che un solo libro non possa bastare per inserire l'infinita casistica di situazioni pratiche e dettagli da notare.

Con la One Luxury Day mi capita spesso di notare proprio quei dettagli che a molti sfuggono, e spesso aiuto le aziende a vedere questi dettagli perché, come detto più volte nei capitoli precedenti, sono quelli che fanno la differenza.

Un professionista sa dove e come guardare le cose, è un po' come un'automobile: sappiamo farla funzionare ma, senza le spie e un bravo meccanico, non possiamo capire i problemi che ha e aggiustarla. Tu (a meno che non sia un meccanico) sai dove guardare in caso di un guasto alla tua auto? Beh, devi sapere che ci sono persone che fanno questo di mestiere, che verificano i servizi per capire se gli standard siano rispettati e se effettivamente si stia facendo un buon lavoro.

In questo libro ho dato dei concetti chiari e lineari per far sì che siano applicabili a qualsiasi settore del lusso, sapendo che è fisiologico che ogni realtà lavorativa è completamente diversa dall'altra, magari anche se stiamo parlando dello stesso settore.

Ci sono moltissime società, come ad esempio la One Luxury Day, con cui collaboro da anni, che possono aiutare te oppure la tua azienda a fare quel salto qualitativo che ti permetta realmente di avere un vantaggio competitivo verso gli altri.

Vedi, come sai oggi la concorrenza è tanta, ma quello che ti chiedo è:

- Chi sa realmente erogare un servizio di lusso?
- Chi conosce realmente i segreti per rendere felice un cliente?
- Gli standard aziendali bastano a soddisfare le esigenze dei clienti?

Posso garantirti che:

1. Nel tempo sta diminuendo *drasticamente* il numero di persone che sa cosa sia il lusso, figuriamoci erogare un servizio.
2. In pochissimi sanno su quali leve fare forza per indirizzare i

clienti nella direzione auspicata in modo semplice e naturale.

3. Gli standard aziendali ci danno delle guide tecniche da applicare, che vanno benissimo fino a un certo punto, ma che non toccano la testa di chi deve erogare un servizio a clienti di un'elevata caratura.

Quello che ho fatto con il mio lavoro e le mie consulenze è stato proprio questo: creare un quid qualitativo per le aziende per fare in modo che sempre più clienti restino soddisfatti sia per i servizi dedicati ai clienti, sia per le assistenze aziendali, che danno un enorme valore aggiunto e che rendono tutti più soddisfatti.

Non parlo soltanto di me, dell'azienda oppure del cliente; abbiamo fatto in modo di mettere in atto un metodo dove creiamo una sinergia che permetta a tutti di elevarsi a un livello successivo di servizio. Questo grazie anche alla collaborazione con persone fantastiche e di enorme valore che permettono a persone come te o ad aziende come la tua di spiccare il volo.

A volte (e lo dico davvero) basta anche una semplice consulenza per fare un'enorme differenza, perché come è vero che molte volte trovo tantissime aziende che fanno macroerrori, è pur vero che ci sono aziende che fanno errori più velati ma altrettanto importanti, perché, come ho sempre ripetuto allo sfinimento, chi lavora nel lusso deve prendere in considerazione primaria i dettagli.

Questi servizi e consulenze che vivo ogni giorno sono strutturati in modo da non farti perdere tempo e raggiungere i tuoi risultati in maniera veloce e rapida creando un percorso ad hoc per le tue esigenze specifiche, valutando caso per caso, cercando di capire le lacune da colmare e lavorando partendo dai macroerrori per passare a quelli più difficili da scovare in modo rapido, preciso e puntuale, per rendere unica l'esperienza del tuo cliente e far sì che il tuo valore sia percepito che monetario aumenti creando magari tecniche di vendita molto avanzate con l'aiuto dei nostri consulenti.

Come già detto, il lusso è attenzione al cliente. Ricordo che ho organizzato un evento per l'anniversario di una coppia di clienti e, che dire, creammo una grande sinergia e un quadro generico dell'evento definito in ogni minimo particolare: i fiori con un bouquet straordinario, una SPA mozzafiato dedicata solo alla coppia, il ristorante stellato migliore della città con un menù dedicato prettamente a loro, la Rolls Royce che li portò nella loro camera di hotel 5 stelle con un messaggio ad accogliere la persona amata allegato alla scatola dei suoi cioccolatini preferiti. Andò tutto alla perfezione con un risultato straordinario che rimase impresso nella mente di entrambi. Ancora oggi mi scrivono per ringraziarmi per aver creato quel momento magico che mai potranno dimenticare.

È questo quello che mi piace fare e quello che voglio creare: emozioni senza tempo, ricordi indelebili, lasciare una traccia in ogni persona che si rivolge a me per costruire il suo servizio, evento o consulenza in qualcosa di magico unico e irripetibile. Il tutto con un servizio chiavi in mano in cui il cliente non deve pensare assolutamente a nulla se non a lasciarsi guidare (per i clienti individuali) o farsi formare (per i clienti business) nella via che porta all'eccellenza nel lusso di oggi.

Negli inviti che mando per gli eventi speciali che organizzo metto di solito la seguente frase: «La vita non si misura attraverso il numero di respiri che facciamo, ma attraverso i momenti che ci lasciano senza respiro» (*Maya Angelou*). Credo che questa frase sintetizzi tutto quello che dovremmo fare e come dovremmo far sentire le persone che si interfacciano con i nostri servizi o prodotti nel mondo del lusso.

È tempo di saluti, siamo arrivati alla fine e, se questo libro ti è piaciuto e desideri entrare in contatto con me, puoi scrivermi a

businesslusso@gmail.com

oppure tramite tramite Linkedin:

http://linkedin.com/in/giuseppe-di-sandolo-03780438

Beh, adesso che sai dove trovarmi, non mi resta che salutarti con un arrivederci e, chissà, magari ci troveremo a lavorare insieme per creare, io e te, qualcosa di stupendo che lasci senza fiato moltissime persone, oppure a condividere delle esperienze o delle opinioni.

Ti ringrazio per essere arrivato fin qui e spero che questo libro ti abbia dato almeno uno spunto utile da poter utilizzare nella tua vita lavorativa e non.

Voglio lasciati con questa frase sperando che sia per te di aiuto come lo è stata per me: «Sei *tu* il primo creatore del lusso e ogni tuo gesto può generare enormi emozioni» (Giuseppe Di Sandolo).

Bonus

Dettagli delle mimiche facciali delle espressioni primarie

- **Paura.** Le sopracciglia si alzano e si avvicinano creando delle rughe orizzontali sulla fronte. Gli occhi si aprono completamente e lo sguardo resta fisso nella direzione di provenienza della paura. La bocca resta aperta, mentre i lati tendono verso il basso e le narici si dilatano.

- **Gioia.** La fronte si distende e si rilassa, mentre lo sguardo appare energetico e vivo. Le palpebre inferiori si sollevano formando delle piccole rughe intorno agli occhi. La bocca si allarga sollevando gli angoli della bocca.

- **Tristezza.** Si evince dalle sopracciglia che si sollevano avvicinandosi nella parte interna facendo salire anche l'angolo interno delle palpebre superiori. I lati estremi della bocca si direzionano verso il basso, mentre il labbro inferiore accenna dei tremolii. La faccia è in assenza di espressività.

- **Sorpresa.** È una delle emozioni più rapide e veloci che si manifestano. Le sopracciglia si innalzano, allontanandosi e curvandosi allo stesso tempo e creando delle piccole rughe che seguono la linea delle sopracciglia. Gli occhi si aprono maggiormente, mentre la bocca prende la forma di una "O".

- **Rabbia.** Si manifesta attraverso la contrazione della fronte che forma delle rughe verticali tra le sopracciglia. Le narici si dilatano, lo sguardo è fisso e gli occhi si stringono tra le palpebre. Le labbra si contraggono e la bocca può aprirsi mostrando i canini inferiori.

- **Disgusto.** Si manifesta quando la bocca si inarca verso il basso e il naso si aggrinzisce; si creano delle rughe verticali sulla fronte dovute alle sopracciglia che si abbassano e si avvicinano, mentre le palpebre si alzano creando rughe agli angoli esterni degli occhi; le labbra, contraendosi, creano delle rughe che partono dalla base del naso e arrivano agli angoli della bocca.

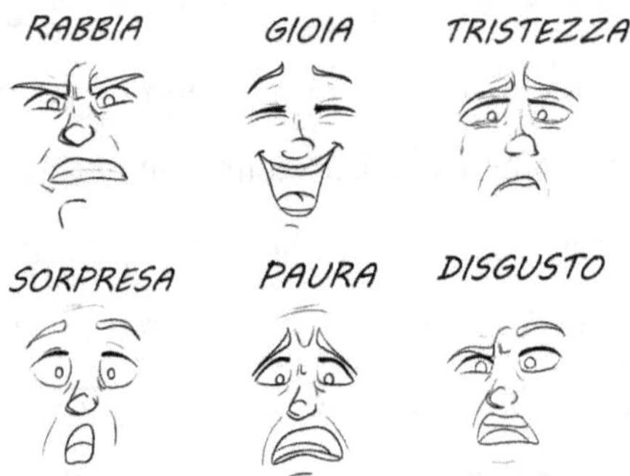

Appellativi di cortesia (professionali e onorifici)

[Fonte: Treccani]

Gli appellativi sono stabilmente associati a determinate cariche o figure professionali.

A seguire, i principali (tra parentesi le forme abbreviate che si usano nella scrittura).

(*Sua*) *Altezza*: re, regina, principe, principessa.

(*Sua*) *Eccellenza* (*S. Ecc.* o *Sua Ecc.*): vescovo o alto prelato; nella tradizione, prefetti, questori e così via.

(*Sua*) *Eminenza* (*S.E.* o *S. Em.*), *Eminentissimo* (*Em.mo, E.mo*): cardinale, capo religioso.

(*Sua*) *Maestà*: re e regina.

(*Sua*) *Santità* (*S.S.*): il papa, il Dalai lama, l'Aga Khan e le altre massime autorità religiose.

Chiarissimo (*Chiar.mo*, *Chiar.ma*): professore e professoressa universitari.

Don: qualsiasi ecclesiastico.

Dottor(*e*) (*Dott.*, *Dott.ssa*): magistrato, magistrata e qualsiasi laureato.

Magnifico: rettore e rettrice.

Monsignore: vescovi, prelati, patriarchi, abati secolari, prelati facenti parte del corteggio del papa (oltre che titolo attualmente in uso per la Repubblica di San Marino).

Onorevole (*On.*): qualunque deputato e deputata, senatore e senatrice.

Reverendo (*Rev.*): esponente cattolico o più spesso protestante.

Cavaliere di Gran Croce, Grande Ufficiale, Commendatore, Ufficiale, Cavaliere sono titoli onorifici conferiti dal Presidente della Repubblica.

Ringraziamenti

Voglio innanzitutto, com'è ovvio, ringraziare la mia famiglia partendo da i miei genitori Aniello, Antonietta, mia sorella Marie per avermi fatto diventare ciò che sono oggi. I miei nonni non ci sono più, ma sono sempre al mio fianco. I miei cugini più stretti italiani e australiani con i quali ho sperimentato le prime attitudini all'ospitalità.

Ramona Baiocco la mia assistente, colei che mi permette di districarmi tra i mille impegni quotidiani e far sì che possa avere il tempo per poter scrivere un libro, ad esempio.

Ai 4 pilastri nella mia vita privata Sergio, Claudio, Silvia e Denise: siete e sarete sempre la mia bussola.

Gli insegnati che ci tengo a ringraziare sono coloro che mi hanno dato un'identità lavorativa e permesso di elevarmi a livelli che non avrei mai potuto immaginare all'inizio del mio percorso.

A Markus Dobritzhofer e tutto il suo staff devo tanto per l'esperienza maturata insieme, Franca Orecchia mi ha svezzato dal bambino che ero e mi ha fatto diventare uomo e responsabile a livello lavorativo.

A tutti voi dico grazie dal profondo del mio cuore, non sono nient'altro che la somma delle persone straordinarie che siete voi per me.

Per l'aiuto nel realizzare questo libro, ringrazio Marie Di Sandolo, Flavia Marinucci e Andrea Tripodo per il supporto nella stesura e nella ricerca di materiale informativo di studio; senza di voi sarebbe stato tutto più complicato, oltre ad essere persone di grandissimo valore siete semplicemente stupendi.

A Federica De Querquis per la realizzazione dei disegni/parti grafiche e a Marco Tirone per le traduzioni: davvero molto bravi e professionali. A Nilushana Wijegunaratne, uno dei grafici più bravi d'Italia che io conosca, per la realizzazione della copertina.

Per i contributi esterni ringrazio: Franco Maria Ricci, Michael

Romei, Nathalie Paldacci, Alessandro Scaietti Martinelli, Ottavio Alvarez, Simone Cerri, Valerio Imondi. Avete reso questo libro di grande valore e di questo vi sono immensamente grato oltre che onorato di aver condiviso queste pagine con persone di così grande spessore come voi.

Naturalmente ringrazio il mio editore, Giacomo Bruno, e tutto il suo staff per avermi permesso di realizzare uno dei miei sogni: scrive e pubblicare un libro.

Infine ringrazio te, lettore, che hai deciso di intraprendere la tua strada verso il miglioramento. È stato un vero piacere per me aver avuto l'occasione di lasciare anche una piccola breccia nella tua mente per elevarti al miglioramento. Sono certo che farai grandissime cose!

Con affetto
Giuseppe Di Sandolo